校長

知っておきたい

できる校長が定めている60のルール

中嶋郁雄

明治図書

はじめに

学校長を拝命した瞬間から、あなたは「校長」として、同じ職場で働く職員や学校に通う子どもたち、保護者や地域の人々の前に立つことになります。そして、学校の最高責任者として学校の舵取りを担うリーダーとしての仕事がスタートします。校長になった今、あなたは何を思うのでしょう。理想の学校づくりに対する期待感でしょうか。それとも、学校の長としての責任の重さに対する緊張感でしょうか。いずれにしても、トップリーダーとして学校づくりを牽引することに対する周囲の期待や責任の大きさは、これまで経験してきた役割とは比べ物にならないほど大きなものです。もしかすると、重圧を感じてしまい、校長になったことを諸手を挙げて喜ぶことのできない人もいるかもしれません。

特色ある学校づくりや、ＧＩＧＡスクール構想などで方向性を示し、実現するための具体的なカリキュラムマネジメントについては、校長のリーダーシップが必要不可欠であり、校長に対する周囲の期待は想像以上に高まっています。また、子どものトラブル対応や保護者対応などで、学校代表である校長が相当厳しい状況に追い込まれる事案が増えています。働き方改革や教育改革の推進によって、職員との軋轢に苦慮する校長も少なくないと聞きます。「教職はブラック」という世間の評価が教師不足を招き、全国の校長の頭を悩ませています。「わざわざ辛い思いをして、身を削ってまで校長になるメリットがどこにあるのか」と考える人が増えるのも仕方ないことなのかもしれません。

管理職への道を避ける傾向は、決して教育界だけではありません。最近では、社会全体で管理職になることを避ける傾向が顕著になっています。確かに、何かトラブルが起きれば、管理職が責任を負うことになります。何が起こるか予測不可能な時代にあって、責任を負うリスクを避けたいと考える人が増えるのも理解できます。子どもが楽しい学校生活を送ることができないのは、校長の学校経営に問題がある。いじめや事故などのトラブルが頻発するのは、校長の力量不足が原因。そのように評価されるのが、最高責任者としての校長という立場ですから……。

しかし、相応の責任を負わなければ、仕事において大きな充実感を手に入れることはできません。「校長は、校務をつかさどり……」（学校教育法第37条第4項）とある通り、確かに負うべき責任は重大ですが、学校の運営上のすべてを託されているという大きな権限が校長には与えられています。職員を変え子どもを変え学校を変えることができるのは、校長のリーダーシップです。

小著では、校長になれば誰もが経験するであろう場面を取り上げながら、どのような姿勢で取り組めば、やりがいと充実感を持って校長職に取り組むことができるのかを考えてみました。管理職を避ける人が増えている教育界にあって、トップリーダーとしての責任を果たしながら、学校教育に真摯に取り組む覚悟を決められた校長先生方に対して、私のつたない経験がお役に立つことがあれば、これほど光栄なことはありません。

全国の校長先生方。校長という、大きなやりがいを得ることのできる立場にいることに対して、誇りと喜びと期待感をしっかりと味わいながら、毎日の仕事に充実感を持って取り組もうではありませんか。

令和四年十月

中嶋　郁雄

目次

はじめに　2
01 理想のリーダー像を思い描け……10
02 学校の「顔」と自覚せよ……13
03 職責の重さを叩き込め……16
04 子どもを知る努力を怠るな……19
05 絶対に偉ぶるな……22
06 尋ねることを恥と思うな……25
07 影響力の大きさを自覚せよ……28
08 安心感を与えよ……31
09 職場で「弱み」を見せるな……34
10 陰口は絶対に言うな……37
11 むやみに前に出るな……40

12 「嫌われ仕事が8割」と覚悟せよ 43
column 校長の「イス」の重さ 46
13 平時は早く退勤せよ 48
14 あいさつは丁寧を心がけよ 51
15 進んで雑務を遂行せよ 54
16 校長室に籠るな 57
17 教頭との関係を重視せよ 60
18 教頭を下僕にするな 63
19 苦手な人にこそ笑顔で近づけ 66
20 反論や批判を重んじよ 69
column 自分の心と闘う 72
21 思い通りになると考えるな 74
22 感情を露わにするな 77
23 職員の立場で考えよ 80
24 共感力を高めよ 83

25 感動はためらわずに伝えよ……86
26 学校だよりは「人」を伝えよ……89
27 職員の力を集結せよ……92
28 「ボトムアップ」のリーダーを目指せ……95
29 職員の特性を把握し生かせ……98
30 「やる気」を応援せよ……101
31 指示や助言は具体策を示せ……104
32 叱りには細心の注意を払え……107
33 評価は仕事を基準にせよ……110
34 人事には誠心誠意を尽くせ……113
column 「構える」大切さを教わる……116
35 トラブル事案はすべて把握せよ……118
36 先手を打って動け……121
37 トラブルにはとことん付き合え……124
38 「最後の砦」意識を持て……127

39 危機管理意識を保ち続けよ……130
40 余裕を持って物事を俯瞰せよ……133
41 場当たり的な決断はするな……136
42 決断は「本質」を見極めよ……139
43 職員に「教育」を語れ……142
column 学び続けることの大切さ……145
44 校長を演じ切れ……147
45 孤独に慣れよ……150
46 人に求めることを率先して行え……153
47 職員と関わる機会を積極的につくれ……156
48 根回しを怠るな……159
49 行事にはこまめに顔を出せ……162
50 来客への礼儀を欠くな……165
51 地域と保護者を味方につけよ……168
column 小さな応援から大きな力をいただく……171

52 教育委員会とパートナーシップを築け……173
53 校長仲間のつながりを大切にせよ……176
54 自分の長短所を熟知せよ……179
55 講話の力量を高めよ……182
56 交渉術を身に付けよ……185
57 レジリエンスを高めよ……188
58 感謝の心で日々を過ごせ……191
59 「教師」であることを忘れるな……194
60 校長職の意義を問い直せ……197
column 去り際を考える……200

おわりに 202

RULE 01

理想のリーダー像を思い描け

「コウチョウ」という役職に就いたからといって、リーダーとしての「校長」になれるわけではない。学校の最高責任者にふさわしいリーダーを目指すために、校長になって何をしたいか、どのような校長になりたいか、理想のリーダー像を思い描くべきである。

▼「校長」になるために

校長の職を拝命した瞬間から、あなたは「コウチョウ」と呼ばれることになります。校長としての経験も実績も何もない状態からのスタートです。「校長先生の仕事って何？」という子どもからの素朴な疑問に、あなたは即座に答え返すことができるでしょうか。若い頃から「教師の仕事」について時間をかけて追究し、「キョウシ」から「教師」になったように、これからは「校長の仕事」について学んでいかなければなりません。「コウチョウ」から「校長」になるための学びが、これから始まるのです。

▼偉人や歴史上の人物に学ぶ

たとえば松下幸之助や本田宗一郎など、歴史上有名なリーダーの生き方や、彼等が残した言葉は、今でも多くの人に影響を与えています。職種が異なっても、組織のリーダーとして、求められる資質には共通点が必ずあります。一つの組織を預かり牽引する責任や、そこで働く職員に対する責任は、職種を問わずトップリーダーに求められるはずです。私たちは、**子どもの命を預かり、そこで学ぶ子どもが立派な社会人になるための基礎づくりを**

する「学校」という組織の長を拝命しています。歴史に名を残す偉人とは異なり、名もない一人の平凡な人間ではありますが、組織を預かる者として**リーダーの自覚**を持たなくてはなりません。リーダーとしての責任と誇りを持つために、偉大な先人たちを理想のリーダー像として思い描き、日々研鑽に努めることが大切です。

▼尊敬する校長を目標にする

振り返って思い出せば、自分が若い頃、同じ学校で勤務していた校長の中に、尊敬できる人がいたかもしれません。同じ学校で勤務していなくても、知り合いの中に目標にしたい校長がいるかもしれません。かつて校長だった人ではなく、現在校長をしている人の中にも憧れの校長を思い描く人もいるでしょう。特に、校長になりたてで校長の仕事がよく分からない時期は、自分が実際に出会っていて、仕事ぶりや教育観に触れている人の中から、目標にしたいと思える人を「理想の校長モデル」にするとよいでしょう。実際に迷ったり悩んだりする場面に遭遇したとき、「このような場合、あの人ならどうするだろう」「あの校長は、こうしていたはず」と、目標モデルにする校長を思い浮かべると、対応が具体的にイメージしやすくなります。

RULE 02

学校の「顔」と自覚せよ

特色ある学校づくりが叫ばれる現在、校長のリーダーシップが問われている。校長のリーダーシップのもとで、学校の特色や個性が創られていく。校長は学校の「顔」であることを自覚して、学校経営に臨まなくてはならない。

▼学校評価は、校長評価

令和三年現在、日本には、約三万校の小中学校があります（2022一般財団法人日本私学教育研究所）。それぞれの学校が、子どもや地域の実情に応じて、様々な取り組みを行っていますが、取り組みによる成果を評価されるのは学校長です。校長として赴任した瞬間から、あなたは学校の「顔」になります。教育委員会をはじめ同じ教員仲間からは「○○校長の学校」と認識されるようになります。目立った実績を挙げた学校も、職員の不祥事や保護者や子どものトラブルなどで話題になる学校も、必ず校長の名前が前に出ます。良きにつけ悪しきにつけ、**学校評価イコール校長評価**であると心得て、学校経営に取り組みましょう。

▼学校一の「愛校者」になる

「こんな学校に配属されて運がない」などと嘆く校長の話を耳にすることがありますが、たとえ配属先が決定した瞬間にそう思ったとしても、気持ちを切り替えて、これから勤務する学校を好きになる努力を始めなければなりません。学校のトップリーダーとして、勤務する学校を牽引していくためには、自分の学校を愛する気持ちが根底になければ、ただ無難に赴任期間をやり過ごすだけで、学校をよりよく改善していく気持ちを高めることなどできません。職員や子どもが、自校への思い入れのない校長の下で学校生活を送らなくてはならないとなれば、これほど不幸なことはありません。

▼学校の「広告塔」と心得る

教育委員会や地域の方をはじめとして、学校には様々な来客があります。来客の要件によって、対応の仕方は異なりますが、どの来客にも等しく丁寧に、明るく対応する必要があります。学校の「顔」である校長の対応は、来客の心象に大きく影響します。校長であるあなたの対応が、学校の印象を決定付けるといっても過言ではありません。たとえ、校長のあなたに対して要件のない業者が来校したとしても、あいさつや接し方に注意を払い、丁寧な対応に心がけることで、「あの学校は、いつ訪問しても気持ちがいい」と、好印象を持ってもらうことができます。そういう意味で、学校長であるあなたは、**学校の「広告塔」**といえるでしょう。校長であるあなたの対応如何によって、学校に対する相手の印象が決まると心得ておきましょう。

RULE 03

職責の重さを叩き込め

校長は、学校運営上のすべての仕事について権限を持っている。大きな権限を任されているということは、負うべき責任も大きいということである。学校の教育活動の過程や結果で生じる様々なトラブルについて全責任を負わなければならない。校長になった瞬間から、その職責の重さを叩き込むべきである。

▼権限の大きさを知る

学校教育法第37条第４項に「校長は、校務をつかさどり、所属職員を監督する。」とある通り、校長は学校運営のすべての仕事を自分の責任において遂行し、学校で働くすべての職員を監督する義務を負っています。学習指導や教育活動、学校施設設備や教材教具、文書作成や事務関係、他団体との連絡調整など、学校運営を行ううえで必要なすべての権限を任されています。そして、学校の全職員の職務を監督する権限があります。極端な例を挙げれば、校長が許可しない限り職員は年休をとることもできず、出張なども許可なくしては行けないということです。それだけでなく、守秘義務や政治活動の禁止など、職員の公務員という身分に対する行動の規制を監督する権限を持っています。このように、校長は、あなたが考える以上に大きな権限を与えられています。**任されている権限の大きさを意識するだけで、校長という職責の重さを実感することができる**はずです。

▼すべてが「自分事」になる

学校運営上のすべての権限と、学校の全職員の監督を任されていることは、**学校で起こ**

るすべてのトラブルの責任も校長にあることを意味します。教育活動内でのケガや友達関係で生じる子どもの様々なトラブル、所属職員の不祥事や保護者とのトラブル等々、そのすべてにおいて最終責任を校長であるあなたが負わなければならないということです。「担任の学級経営がまずいから大きなトラブルになった」「職員の私生活や嗜好にまで責任を負えない」などという言い訳は一切通用しないということです。子どもや保護者のトラブルも、所属職員の個人的なトラブルも、他人事ではなくすべて自分事と考えて、予防や初期対応に力を注ぐ心構えが必要です。

▼常時対応可能な覚悟を

事件や事故は、学校での教育活動中に起こるとは限りません。帰宅した後や休日中であっても、緊急なトラブルに対応しなければならない場合もあります。実際私も、真夜中や休日に対応のため出勤することがあります。勤務時間外に教育委員会や警察から出勤の要請があった場合、どのように対応するか日頃から考えておき、常時対応可能にしておく必要があります。勤務時間外も仕事から意識を逸らさないように心がけることが、校長を任された者の職責であると覚悟を決めなければなりません。

RULE 04

子どもを知る努力を怠るな

校長にとっては「大勢の中の一人」かもしれないが、子どもにとっては「たった一人の校長」である。個々の子を大切にした教育を謳うのであれば、学校で学ぶ子を一人でも多く覚える努力を怠ってはいけない。

▼課題を抱える子の把握は迅速に

校長として、絶対に把握しておかなくてはならない子は、「課題を抱えている子」です。頻繁に問題行動を起こす子や、家庭や保護者に課題のある子など、生徒指導や学習指導で対応を必要とする子は、どの学校にも必ず在籍しています。学校の規模や地域性などによって人数は異なりますが、会議や研修などでよく話題になる子は、顔と名前、その子の特性などを、できる限り迅速に把握しておくことが大切です。トラブル対応や保護者対応などで職員が相談に来たり判断を求めに来たりしたときに、その子を全く知らないというのでは話になりません。実際に子どもを見て名前を覚えながら、職員から課題を抱える子についての情報を集め、情報共有が可能な状態にしておきましょう。

▼卒業学年の子は全員覚える

卒業式は、学校行事において最重要行事です。児童生徒が減少傾向にある現在では、子ども一人ひとりに直接卒業証書を手渡す学校も多いと思います。子どもに卒業証書を手渡すことは、ある意味、校長の特権といってもいいでしょう。可能であれば、学校に在籍するすべての子どもの名前と顔を覚えるのが理想です。しかし、校長として勤務する年数にもよりますが、児童生徒数が三百人を超えると、校長という職で二年〜三年の間にすべての子どもを覚えることは不可能に近いと思われます。そこで、せめてその年に卒業する子どもたちはすべて覚えることを目標にしたいものです。もちろん現在でも一学年二百人を超えるマンモス校もあります。しかし、ほとんどの学校で一年の間に卒業学年の子を覚えることは不可能ではないと私は考えています。また、たとえ結果的に覚え切れなかったとしても、**努力を怠らないことが校長の務め**だとも思っています。

▼会話を交わした子には名前を尋ねる

見回りをしていて、すれ違いざまに声をかけられたり、こちらから声をかけたりして、子どもと関わることがあります。直接子どもと関わる機会はそう多くはないと思いますが、このチャンスを生かさない手はありません。子どもと関わりを持ったときは、子どもを覚えるチャンスです。子どもに学年とクラス、そして名前を尋ねて記録しておきます。その場でメモができないときは、校長室に帰ってすぐに書き残しておくようにします。**一日に一人でも子どもを覚える姿勢**が大切です。

RULE 05

絶対に偉ぶるな

所作の端々から悪い意味での「校長オーラ」を発している校長は少なくない。校長という役職に就いているだけで、人間的に偉くなったわけではない。校長だからと傲慢な態度をとったり偉ぶったりすることは、信頼と尊敬を失うことになる。

▼人として偉くなったわけではない

校長であるあなたが「GO」と言えば動き出し、「NO」と言えばストップする……。前にも書きましたが、あなたが考える以上に校長の権限は大きく、ほとんどすべての決裁が校長に任されることになります。役職に伴う権限が大きくなると、自分次第で学校や職員が動くようになるという勘違いが生じ、自分という人間が偉くなったように感じないとも限りません。決して人として偉くなったわけでも高潔な人格になったわけでもなく、**校長という役職と職権を与えられたに過ぎない**ということを改めて心に刻まなければなりません。大きな職権を与えられているからこそ、周囲はあなたの一挙手一投足に注目し、あなたの人格を見極めていると考えて、常に謙虚で思いやりのある言動を心がけましょう。

▼相手にも「心」があることを忘れない

校長からの指示や命令に対して、あからさまに反抗する職員は、現在は少なくなりました。特に若い教師は、従順に校長に従う場合がほとんどでしょう。しかし、なんの意見も言わずに、あなたの指示や命令を遂行している職員も、自分の意見を持ち、その都度感情を動かされているはずです。相手がなんの意見もせず、あなたの指示や命令に従っているのは、あなたが校長であるからに他なりません。もしかすると、校長であるあなたの気分を害さないように自分の意見を押し込め、感情を押し殺しているのかもしれません。たとえ若く経験が少ない職員であっても、同じ人であることに変わりはなく、感情があり、自分なりの意見を持っていることを忘れてはなりません。相手にも心があると思えば、職権を盾にして偉ぶった態度をとることはできないはずです。

▼尊敬される校長を目指す

偉ぶった態度をとる校長は、学校経営についての考え方や教育に対する考え方に自信がない人ではないかと思います。自信を持てないために「校長の私にひれ伏せ」といったようなオーラで職員と接してしまう可能性があります。そのような校長は、陰でばかにされることになると考えておきましょう。自分には厳しくて、周囲に対しては気配りができて謙虚な人は、多くの人の尊敬と信頼を集めます。人として、教師として尊敬に値する人は、「私は校長だ」と言わんばかりの態度で偉ぶらなくても、一目置かれる存在になります。教育者として信念を持って校長職にあたることが大切だと思います。

RULE 06

尋ねることを恥と思うな

地域性や事情によって異なる場合もあるが、管理職が同じ学校に勤務する期間はそう長くはない。学校経営を進めるために、早く正確に、学校や子ども、地域や保護者の様子などを把握することが必要である。分からないことや知らないことは、進んで尋ねる必要がある。

積極的に情報収集を行う

たとえ校長経験が豊富だとしても、転勤して新しい学校に赴任すると、地域や保護者の実態が異なるため、一からのスタートという心構えで勤務することになります。ましてや、校長職を初めて経験する場合は、何もかもが分からないことばかりです。事務手続きのような仕事については、教育委員会や先輩校長に教えてもらいながら覚えていくことができますが、地域や学校の様子、子どもや保護者については、自分から積極的に情報を収集しなければ、いつまで経っても分からないままになってしまいます。同一校での校長の勤務期間は、二年か三年、長くて五年間という地域がほとんどだと思います。**できる限り早く正確に自分の学校を把握することが、自分が理想とする学校経営を行うために必要不可欠**です。学校で分からないことがあれば、知っている職員に積極的に尋ねて情報収集を行う必要があります。

「校長」だからこそ、積極的に尋ねる

校長だからといって、なんでも知っているわけではありません。反対に、教職経験を積

み、校長というリーダーになったからこそ、視野も広がり一般職員とは異なる立ち位置で物事を捉えることができるようになり、迷うことや分からないことが増えてしまう場合もあります。だからこそ適切な判断を行うために、分からないことや迷うことがあれば、周囲に尋ねたり意見を求めたりしなければなりません。あなたが思うほど、周囲は「そんなことも分からないの？」などと思ってはいません。知ったかぶりをして日頃は何も尋ねないで、いざというときに何も分かっていない方が、信頼できない校長となってしまいます。

▼「校長」という肩書にとらわれない

もし、人に尋ねることを恥ずかしいと思う気持ちの中に、「校長ともあろう者が……」という気持ちがあるとするなら、その考え方自体が間違っていると反省する必要があるでしょう。校長は、「迷ったり分からないことに出くわしたりしたときには、一人で抱え込まないで周囲の人に尋ねることが大切である」と職員に指導しなければならない立場です。その姿を自ら率先して示すのがリーダーの役割ではないでしょうか。**「校長」だからこそ、分からないことは積極的に尋ねることが重要**です。

RULE 07

影響力の大きさを自覚せよ

職員にとって、校長の発する言葉は重みを持っている。あなたの接し方一つで、職員を励ますことも、不安や打撃を与えることも容易である。校長という役職は、自分が考えるよりも周囲に大きな影響を与えていることを自覚しなくてはならない。

▼職員に意識される存在

自分が考えている以上に、職員は校長であるあなたの所作に敏感です。私も若い頃、時折、授業中に子どもを自習させておいて職員室へコピーをしに戻るということがありましたが、職員室にいる校長と目が合うと、なんともいえない気持ちになったものです。もしかすると、なんの考えもなく疲れを癒していただけだったのかもしれません。しかし、黙って座っている校長の姿に、「自分のやっていることに不満があるのだろうか」と不要な気遣いをしていたことを思い出します。校長になった現在、授業中に職員室に戻ってくる教師や、チャイムが鳴っても授業の準備や事務仕事で教室に行くことができない教師が、チラチラと私の様子を気にしているのを感じることがあります。私が常日頃から、時間の大切さを職員に説いているからだと思います。**職員にとって校長の存在は、決して小さいものではない**ことを意識しておく必要があります。

▼学校の教育力を左右する

いくら理想的で立派な教育論を口で語ろうとも、日頃の行動が伴っていなければ、陰で批判されればかにされます。特に、校長という職にあって、教育的に理解されない行動や、子どもや職員の気持ちを無視した言動、リーダーとして頼りにならない行動などを繰り返し行うと、職員の士気や団結力が下がり、学校経営に悪影響を及ぼします。「たかが校長一人ごとき」と侮ってはいけないのです。**校長の言動が職員の意欲を左右し、学校の教育力に影響を及ぼす**と心得ましょう。

▼役職の重みを知る

校長という役職の持つ大きな権威は、場合によっては、職員にとって大きな脅威になると知っておく必要があります。校長がきつい言葉遣いをしたり、批判的な言葉を発したりすると、職員を委縮させる恐れがあります。職員のためを考えての叱咤激励であっても、現在ではパワーハラスメントとして批判される恐れもあります。対等ではない関係性を考えて、職員に対する言葉遣いや態度には気を付けなければなりません。「なぜ、部下である職員に、上司である校長が気を遣わなくてはならないの」と不思議に思う人もいるかもしれません。しかし、職員にとって校長の言動が重みと影響力を持っていると考えれば、職員に対してどのような態度で接すればいいのか、おのずと分かるはずです。

RULE 08

安心感を与えよ

一般の職員からすると、校長は少し近寄り難い存在である。仕事中の校長の視線を気にする職員は少なくない。職員が安心して職場で過ごせるように、日頃は緊張感を和らげ安堵感を与える存在を目指したい。

常に柔和な表情で

一般的に校長という肩書きは、傍にいるだけで他の職員を緊張させてしまいます。特に最近では人事評価の影響もあって、その傾向が強くなっているかもしれません。しかし、必要以上に職員を緊張させているとすれば、その原因は他ならぬあなた自身にあると考えましょう。職員室で仕事をする、会議に参加する、職員に指示助言を与える……。そんな日常のありふれた場面で、どのような態度で仕事に臨んでいるでしょう。厳しい表情で近寄り難いオーラを発してはいないでしょうか。仕事に真剣に取り組んでいれば、表情や態度もそれなりに引き締まった厳しいものになるのが当然です。だからこそ、意識して柔和な表情と温和な態度を演じる必要があります。時には、厳しく近寄り難い威厳を見せることも必要ですが、**平時には穏やかな校長でいること**を心がけましょう。

過ぎたことは責めない

トラブルや保護者対応、事務手続きなど様々な場面で、職員が失敗することはよくあることです。「失敗するのが当たり前」と考えておくことで、職員の失敗に対して大らかに対応することが可能です。既に失敗してしまったことを責めても事態は何も変わりません。失敗を厳しく叱責することによって職員との関係を悪くさせるのがオチです。それよりも、リカバリーのための指導や再発を防ぐために原因を追究することにこそ力を注ぐべきでしょう。それが事態を好転させることになり職員の成長にもつながります。過ぎ去った失敗を責めず、後の対応に全力を注ぐ姿勢が、職員からの信頼感を得ることになり、職員に安心感を与えることになります。

▼最後まで関わる

トラブル対応や保護者対応における校長の取り組み方によって、職員に不安を抱かせる場合もあれば、逆に安心感を与える場合もあります。職員が抱えている課題に対して、最終責任者として責任を持って、最後の最後まで関わることで、職員は「後ろには校長がいる」と安心して仕事に取り組むことができます。トラブル対応や保護者対応のすべてを担当職員に丸投げして、対応に失敗したときやうまくいかない場合は厳しく叱責する校長のもとでは、安心して仕事に取り組むことはできません。職員が安心して働ける環境にするために、校長としてどのような姿勢で仕事をすればよいのか考える必要があります。

RULE 09

職場で「弱み」を見せるな

校長になると様々な苦悩を抱え込むことになる。時には、逃げ出したくなるほど追い込まれることもあるだろう。しかし、校長が職場で辛そうな顔をしていたり、弱気な姿勢を見せたりすることは、「不甲斐ない」「頼りにならない」と不安を与えることになる。

▼笑顔を絶やさない

学校では様々な出来事が起こります。子どもの成長に喜びを感じるようなこともありますが、思わぬトラブルで頭を抱えることも多々起こります。職員室全体が暗く落ち込むような雰囲気になることもあるでしょう。どんなことが起きたとしても、最終的には解決に導かなければならないのが校長の役割です。解決に至る過程では、体力や精神を消耗することもあるでしょう。しかし、**どのようなときでも職員の前では暗い表情を見せることは控えましょう**。いかなることが起きたとしても、トップリーダーである校長が、笑顔を絶やさずにいることで、職員に大きな安心感を与えることになります。

▼愚痴に気を付ける

校長も人ですから、毎日の激務に愚痴の一つもこぼしたくなります。誰に聞いてもらうわけでなくても、思わず愚痴が口をついて出てしまうこともあるでしょう。憤りを溜め込み過ぎて精神的に参ったり、爆発させて周囲に迷惑な言動をとったりするのを防ぐために、少々の愚痴なら許されると思います。しかし、聞いている人の気分を害するような愚痴は、御法度です。それは自分の弱みを周囲に晒すことになります。聞くに堪えない愚痴にならないように、明るい言い回しに気を付けたり、聞いている職員の共感を得られるものかどうか精査したりなど、愚痴一つ言う場合も、校長という立場であることを意識する必要があるでしょう。

▼「前向き発言」を心がける

どんなことが起きたとしても、悲観するような発言は控えるようにしましょう。周囲で聞いている職員があきれるくらい前向きな発言をあえてするよう心がけます。子どもがケガをするトラブルがあった場合も、「大きなトラブルを防ぐ意識になった、怪我の功名だ」とあえて言います。保護者が苦情を申し立てた場合は、「保護者と話ができる機会を得られた」と発想を転換して前向きな発言を無理にでも考えて言葉に出すようにします。すると、不思議なことに、どんなこともうまくいくイメージが浮かんでくるようになり、気持ちに余裕が生まれてきます。私の経験上ですが、前向きな発言を繰り返すうちに、物事を前向きに考える習慣が身に付き、自分に起こる出来事がよい方向に進むようになってきました。前向きな発言に心がけることで、あなたに対する職員の印象も変わるはずです。

RULE 10

陰口は絶対に言うな

学校の「顔」である校長の存在は大きい。職員にとって校長の言葉は大きな重みを持つ。他人に対する陰口は、校長であるあなたの人間性を疑われる恐れがあり、職員との信頼関係を破壊するだけでなく、学校経営に悪影響を及ぼすことになる。

▼陰口は人格を疑われる

陰で人の批判をすることは、子どもの「悪口」と同じことになります。子どもに陰口や悪口を言わないように指導してきた教師として、陰で他人の批判をすることは控えるべきでしょう。ましてや、周囲から一挙手一投足を注目されている校長が、人としてほめられることではない行動をするのは間違っています。他人の批判を聞いている職員も、よい気持ちはしないでしょう。どんなに憤りを覚えたとしても、その人のいないところで批判を口に出さないことです。さもなければ、「校長は、陰では人を批判するような人」と職員から人格を疑われることになります。そのような校長の下で気持ちよく働くことができるでしょうか。何があっても、人の批判をしないことが、職員が求める尊敬に値する校長の条件になります。

▼職員の批判は学校経営に関わる

もし、他人の批判を日常的に繰り返すと、「陰で自分も批判されているかもしれない」と、職員が疑心暗鬼になる危険もあります。ましてや、同じ職場の職員の批判などしようものなら、職員との信頼関係は崩壊することになり、子どものために職員が一致団結して気持ちよく働くことのできる職場ではなくなってしまいます。校長に対して面従腹背の職員も現れたり、校長にあからさまに反発する職員も出てきたりして、職員同士の関係にまで悪影響を及ぼしかねません。また、場合によっては、何かのきっかけでパワーハラスメントやモラルハラスメントに問われる危険さえ考えられます。立場が上がるほど、人の悪口や批判をすれば自身の足元をすくわれることになると考え、控える必要があります。

▼校長という立場を肝に銘じる

会議や討論会などで、物事を前に進めるための建設的な批判はもちろんあってしかるべきです。しかし、相手を貶めることが目的の悪口は、誰にとっても得になることはありません。憤りをぶつけるために誰かの悪口を吹聴することはもちろん、人に対する批判の仕方にも十分気を付けなければ、言った自分が損をすることになりかねません。陰口を言うような校長の行為は、あっという間に他の学校の職員にも知られることになります。**校長が陰口や人の批判をすること自体が、自分自身にとって非常に危険な行動である**ことを心しておかなくてはなりません。

RULE 11

むやみに前に出るな

最終的な決断や承認を行うのは校長の役割である。しかし、だからこそ計画や議論の過程で、校長がむやみに意見を差しはさんではいけない。最高責任者である校長が意見した瞬間、職員が持っているアイデアや協働性は無になる。

議論は黙って見守る

職員会議や打ち合わせなどで、職員が活発に議論し意見を戦わせることがあります。校長とはいえ、同じ教師の一員として議論に参加したくなることもあるでしょう。しかし、意見を求められた場合は別として、**他の職員と同じように自分の意見を出すことは控えなくてはなりません。**同じ学校で働く職員の一人として自分の考えを出しているだけだと、あなたは考えているのかもしれませんが、他の職員は、校長の意見は結論を左右する重要なものと受け取ります。自分の意見を出したい気持ちは理解できますが、校長の発言は重い意味を持ち、職員の論議を妨げる可能性があると考えて、必要な場合を除いては黙って見守る姿勢を保ちましょう。

裸の王様にならないために

どんなことに対しても、検討段階から校長が細々と口をはさむと、「校長に任せておけばいい」という意識が職員に根付いてしまいます。そうなると、職員間での活発な意見交流が行われなくなり、決定に必要な判断材料が乏しくなってしまいます。ワンマン体制で素晴らしい学校運営を行うことができる能力があればよいのでしょうが、多くの場合、職員の力を借りなければ学校運営は成り立ちません。会議での議論にむやみに口出しをすることは、職員の意欲と協働性を奪うことになり、「はだかの王様」になる可能性があります。そうなれば、結果的に自分自身の学校運営に支障をきたす危険性があると考えましょう。

▼「ここぞ」というときの校長

会議での議論によって、合意形成が図られればよいのですが、職員間で意見が分かれたり様々な意見が乱立したまま収拾がつかなくなったりする場合も多々起こります。議論の行方を見守りながら職員から出された意見を整理し、学校運営上どのような決定を下すことが適切なのか判断するのが校長の役割です。時には、職員間の合意形成が図られようとしている案件であったとしても、保護者や地域との関係や教育委員会の方針を鑑みて、校長として異を唱えなければならないこともあるでしょう。意見が分かれたときの決断も、職員に異を唱えて決断を下す場合も、「あの校長が言うのだから仕方ない」と多くの職員に納得してもらえることが大切です。日頃から細々と口出しをしていると、ここぞというときの決断を、職員が納得できるものにすることが難しくなります。

RULE 12

「嫌われ仕事が8割」と覚悟せよ

トラブルや保護者対応、職員の監督にかかわる対応などで、校長が直接対応しなければならないものは、解決に労力を要するものばかりである。教育活動や危機管理上必要な判断には想像以上の苦悩を伴う。校長の仕事のほとんどが「嫌われ仕事」と覚悟するべきである。

▼全責任が肩にかかる

校長は、学校運営上の一切の仕事を自己の責任において処理するという大きな責任を負っています。教育活動の中で起こった様々な子どものトラブルも、保護者からの苦情も、最終的に一切の責任を校長は負わなくてはなりません。たとえば、担当職員が子どものトラブル対応を間違えてしまい、保護者からの大きな苦情があった場合、最終的に校長が対応して解決しなくてはならない責任があります。校長が直接対応に出なければならないとなれば、事態の収拾が容易ではなく、解決に相当な時間と労力を要する案件であることに間違いありません。校長に対応の要請がある案件は、可能なら誰もが関わりたくない「嫌われ仕事」がほとんどです。校長になった瞬間から、学校で起こるすべての出来事に対する責任が、あなたの肩にかかってくることを覚悟しなければなりません。

▼情報の把握と初期対応がすべて

大きなトラブル対応から逃れたいと願うのは誰でも同じです。しかし、学校のトップリーダーである校長は、いくら辛く逃げ出したくても、**「最後の砦」**として踏ん張らなければなりません。だからこそ、**逃げ出したくなるほど辛く困難な状況をつくらないこと、予防することが**重要です。そのために、できる限り多くの情報が校長に流れるよう、情報伝達の仕組みを整えたり、職員から直接情報を得るための関係づくりに心がけたりする必要があります。子ども同士の些細なトラブルやケガ、職員と保護者とのやりとりなどの情報を得て、大きなトラブルに発展する要素がないか分析し、必要があれば職員に指示を出して対応することで、迅速で的確な初期対応が可能になります。ほぼすべてのトラブルは、適切な初期対応によってなんの問題もなく収束させることが可能です。

▼苦悩が大きいからやりがいも大きい

最近では、学校管理職への道を希望しない職員が増えています。最後まで教師として子どもの前に立ちたいという理由もありますが、不要な責任を背負いたくないという人も多いでしょう。そのような中で、校長になったあなたは、校長の仕事のやりがいや仕事の充実感を見出したいと思っていることでしょう。確かに校長職は、精神的に消耗する仕事がほとんどです。しかし、苦悩が多いからこそ、リーダーとしてのやりがいも大きいはずです。自分の考えで学校を動かすことができるという魅力は校長にしか分かりません。

校長の「イス」の重さ

教諭の頃は、校長の方が上席であることは当然分かっていたのですが、教頭と校長にそれほど差異を感じたことはありませんでした。おそらく、現在教諭の先生方も、以前の私と同じような感覚でいると思います。ところが、自分が管理職になって初めて、私は「校長」と「教頭」の圧倒的な違いを思い知ることになりました。

私が教頭になって最初に仕事をした校長先生は、退職前の経験豊富な方でした。職員打ち合わせや会議の場はもちろんのこと、歓送迎会や忘年会、音楽会や運動会といった学校行事など、ありとあらゆる場において最初も最後もすべての「あいさつ」は校長が行っていました。教科指導や生徒指導などで、職員が相談や報告に来たときも、すべて校長が取り仕切っておられました。先輩教師として教頭の私が職員に助言したり指導したりする機会は、ほとんど皆無に近い状況でした。

自分が校長になった今考えれば、若い教頭を育てることも校長の重要な役割であると思えるのですが、教頭になったばかりの当時の私にとっては、「それで当たり前」と感じてしまい、教頭と校長の圧倒的な違いを強く植え付けられた一年間でした。その影響で、教頭時代の私にとって、「校長」とは圧倒的な権限を有する畏怖すべき存在に映っていました。教諭時代にはフランクに会話することができた先輩でさえ、「校長」という肩書が、先輩を近寄り難い存在にしてしまいました。

私は、教頭として勤務していた学校で校長に昇任したのですが、校長という肩書を畏れ多いものと感じていたため、校長として校長室のイスに座ることが、なかなかできませんでした。大勢の校長が集まる校長会の場では、これまで近寄り難い存在に映っていた先輩校長の方々と、対等な立場で仕事をすることができるかどうか不安でいっぱいでした。校長になってしばらくの間、「私のような未熟な者が、校長を名乗っていいのだろうか。校長の重責を務めることができるのだろうか……」そんなことばかり考えていたような気がします。校長になって五年目（令和四年現在）になりますが、幸運なことに今でもその気持ちは変わりません。校長になる前から、校長職の大きさを思い知らされてきたからこそ、校長となった今、その権限に見合うだけの責任を果たさなければならないという気持ちで働くことができていると思っています。

RULE 13

平時は早く退勤せよ

職員が充実感を持って子どもと向き合うために、働き方改革は必要である。多忙を極める学校現場だからこそ、校長が範を示さなければならない。そのために、平時においては、鬼になって仕事に見切りをつけ、できる限り早く退勤するように努めたい。

▼早く帰宅できる体制と雰囲気づくり

ライフワークバランスの重要性が叫ばれる現在において、「多忙が美徳」という風潮が、あなたの職場に残ってはいないでしょうか。現在も夜の九時を過ぎても、少なくない教師が残って働いている学校があると聞きます。夜遅くまで学校に残って仕事をすることに生きがいと充実感をおぼえる人は、それはそれでいいでしょう。しかし、「多忙」という「美徳」の支配によって、業務終了時刻を超えても会議が平然と行われ、定刻の帰宅者に冷たい視線が送られる職場だとしたら、それは間違いなく働きづらい職場です。「遅くまで仕事をする教師が熱心でいい教師」「定刻になると姿を消す教師はやる気のない教師」という考えを持ってはいないでしょうか。**定刻になれば気遣いなく好きに帰宅することのできる雰囲気と体制づくり**が、現在の校長には求められます。私たち管理職、とりわけ校長の考え方は職場に大きく影響することを心しておかなくてはなりません。

▼堂々と職場を出る

定刻を過ぎて三十分以内の「早い退勤」をする場合、背中を丸めて申し訳なさそうに職員室を出ていく人がいます。確かに学校では、定刻を過ぎて三十分以内の退勤は珍しいと感じる職場が多いのかもしれません。そのこともあってか、勤務時間を守って退勤しようとしているにもかかわらず、そのようにコソコソと目立たないよう職員室を出る人が少なくありません。トラブル事案もなく、早く退勤できるときにこそ、校長が率先して大きな声で「失礼します」と職員に声をかけて堂々と退勤するようにしましょう。そうすることによって、早く退勤することに申し訳なさを感じるような職場の雰囲気をなくしていくことができるのです。

▼教頭の立場を思いやる

平時においても教頭職は多忙を極めるため、遅くまで学校に残らざるを得ないことも多いでしょう。しかし、自分のペースで帰宅時刻を決めることができるのと、そうでないのとは精神的な負担が異なります。他の職員以上に校長に気を遣う立場にあるため、校長がいつまでも学校に残っていると、教頭は帰りたくても帰ることができません。校長より先に退勤しづらい教頭の「辛さ」に思いを致すことのできる校長でありたいものです。

RULE 14

あいさつは丁寧を心がけよ

あいさつに、年齢や役職は関係ない。トップリーダーである校長自らが、誰に対しても進んで丁寧なあいさつを心がけることが、職場の人間関係を円滑に築き、明るく元気のある学校づくりにつながる。

▼立ち止まり目を見てあいさつを交わす

あいさつは円滑な人間関係を築くための基礎的なマナーです。ほんの些細な時間と手間をかけるだけですが、丁寧なあいさつを心がけることによって、相手を大切に思う気持ちを伝えることができます。あいさつは、立ち止まって必ず相手の目を見て交わすように努めましょう。校長が率先して丁寧なあいさつを心がけることで、職員も丁寧なあいさつを心がけるように変わっていきます。**丁寧にあいさつをする姿を見せることで、子どもにあいさつの大切さを伝える**ことができます。

学校を預かる校長は、学校で働くすべての職員と、学校で学ぶすべての子どもを大切にしなければなりません。その気持ちをあいさつの仕方で表わすことが可能になります。

▼すべての子どもとあいさつを交わす

毎日の校内見回りを、朝の始業前に行います。各教室を覗いて、子どもたちと元気にあいさつを交わします。毎朝教室を訪れて子どもとあいさつを交わすことを、あらかじめ担任に申し伝えておきましょう。毎朝あいさつを交わすことで、子どもたちとの距離が近くなり、勤務する学校と子どもに対する思い入れが、より一層強くなります。また、校長が毎朝子どもにあいさつをすることで、あいさつの重要性を、教師に対して身をもって伝えることになります。

▼すべての職員とあいさつを交わす

学校には様々な職員が勤務しています。子どもに対して、進んであいさつをするように指導しているにもかかわらず、自分は進んであいさつができない教師は案外多いものです。中には、校長に声をかけられても返事やあいさつを返さない者さえいます。だからといって、「校長である私に、あいさつもしないのか」などと考えてはいけません。「実るほど頭を垂れる稲穂かな」といわれますが、あいさつは目下の者からするべきという考え方が、不遜極まりないと考えましょう。

学校のトップリーダーの校長自ら進んで職員にあいさつをすることが、職員にあいさつの大切さの範を示すことになり、あいさつを当たり前に交わし合う職場の雰囲気をつくることになります。職場に着いたら、出会う職員すべてとあいさつを交わすように心がけ、職員も自分自身も気持ちよく一日をスタートできるようにしましょう。

RULE 15

進んで雑務を遂行せよ

郵便ポストのチェックや資料の回覧など、担当者が決まっていない様々な仕事がある。気が付いたときに気が付いた者がやればいいと考えられることを、他の職員任せにせず、率先して行う心がけが大切である。

▼傲慢な気持ちと闘う

満杯になったシュレッダーの袋の交換やくず入れの整理。資料の整理や回覧。宅配業者や忘れ物を届けに来た保護者の対応……。学校には、役割分担が決まってはいないけれど、結局誰かがやらなくてはならないような雑務的な仕事がたくさんあります。教頭職を経験している人なら分かると思いますが、学校の細々とした雑務は、考えている以上に労力を使います。そして、結局は教頭が雑務を担う場合がほとんどで、校長が日常的に雑務的な仕事を行っている学校はそう多くはないでしょう。しかし誰にでもできるはずの仕事であれば、校長がやってはいけない理由はないはずです。もしかすると、「このような雑務は校長である自分がやるべきことではない」という傲慢な心が、教頭から校長になった途端に頭をもたげてくるのかもしれません。もし、そのような気持ちが自分の中にあると感じたら、学校のトップリーダーとしての資質を磨くためにも、反省しなくてはなりません。

▼納得できる行動をする

教頭をしていた時期、私は、進んで雑務を行う校長を目指そうと思っていました。点検を終えた回覧板や資料を、教頭の机の上に無造作に置く校長は少なくありません。私が校長を拝命して真っ先に実行したことは、自分がやれる〝雑務〟といわれるようなことを、他の人（教頭や他の職員）にやらせず進んで行うことでした。些細な行動ですが、自分が納得できるように前例をくつがえすことが大切だと改めて感じました。

▼どの仕事にも敬意を払う

やるべき仕事の内容や責任は、その人の役職によって決まります。確かに校長の職責は重く、学校で最も重要な仕事を担っています。しかし、職場のどの仕事も重要で、それぞれの仕事を担う職員がいればこそ、学校運営が成り立ちます。「こんな雑用のような仕事は校長の仕事ではない」という考えが頭にあるとしたら、そのような校長の下で働く職員がかわいそうになります。

すべての職員とその仕事に敬意を持つことが、学校のトップリーダーのあるべき姿だと思うのです。どんな仕事も丁寧に敬意を持って遂行することが、学校の全職員の仕事を理解するべき校長の務めではないでしょうか。

RULE 16

校長室に籠るな

校長室は、学校経営や重要案件を決断するために、一人になって落ち着いて思索を重ねる場所である。そのために与えられている校長室を、学校と自分とを遮断するための個室として利用してはならない。必要以上に校長室に籠ることは戒めたい。

▼必要以上に校長室で過ごさない

極端に言えば、一日中校長室に籠り、教頭以外と話さないで時間を過ごすことも不可能ではありません。気を付けなければ、それくらい他の職員や子どもと隔絶された状況に置かれてしまう恐れがあるといっても過言ではありません。だからこそ、積極的に職員や子どもと関わる機会をつくり、行動を起こさなければなりません。気が楽だからと、何も考えないでいると、おのずと校長室で過ごす時間が長くなってしまいます。職員から隔離された環境に慣れ、それをよしとして校長室に籠る時間が多くなれば、校長でありながら、子どもや保護者の実態も、職員の力量や思いも、学校が抱える課題や学校のよさでさえも、よく分からずに一年間を終えることになります。それで学校のリーダーと胸を張って言えるでしょうか。できる限り職員室で過ごしたり校内巡回をしたりして、特に必要がなければ、校長室で長時間過ごすことは避けるべきでしょう。

▼「仕事部屋」意識を

自分に与えられた個室とはいえ、校長室はれっきとした仕事場であることを心しておかなくてはなりません。校長室には学校にとって重要な来客もあります。所用で職員が入ってくることも多々あります。**いつ、誰が来ても大丈夫なように**、こざっぱりと整理整頓をしておかなければなりません。机上に仕事とは関係のない私物や、個人情報が記された他人に見られてはいけない書類などを無造作に置かないように厳重な注意を払う必要があります。特に、校長室に指導要録や卒業生台帳、沿革史などの重要書類が保管されている場合、部屋の施錠管理にも気を付けなければなりません。校長を任されている自分が預かっている、学校の中でも重要な仕事部屋が校長室であるという意識を持って使用しましょう。

▼職責の重さを確認する部屋

初めて私が校長になったとき、元校長の大先輩から次のような言葉をいただきました。「校長室には、歴代校長の写真が掲げられているでしょ。あれはね、『校長の後ろには誰もいない』ということの象徴だと私は思うのです」校長室の壁には、その学校の校長として職務を全うしてきた歴代校長の写真が掲げられています。それぞれの校長が、学校と子どもを預かる者として、職責を果たしてきたことでしょう。先人の顔を見るたびに、校長として学校を背負う責任の大きさを改めて思い知らされる気がします。

RULE 17

教頭との関係を重視せよ

学校の中で、校長と教頭だけが「管理職」の立場にある。教頭は、同じ管理職としての苦悩や仕事の難しさを共有し、協力して学校運営を行う同士である。教頭との良好な関係は、自身の精神的にも学校運営的にも非常に重要な条件である。

▼上の者が配慮する

校長のあなたが、「上席である校長に対して部下の教頭が気を遣うのが当たり前」と思ってはいないでしょうか。しかし、この考えこそが教頭と校長の良好な関係を築くうえで大きな障害になっていると私は考えています。部下が上席に気を遣うのは当然のことです。しかし教頭が精一杯気を遣っているにもかかわらず、校長が教頭の気遣いに気づかないことも多々あると考えられます。これは、人によって気の遣いどころが異なるためです。そして、上席である校長が「教頭が気を遣うのが当たり前」という不遜な考え方で教頭に接していることに大きな原因があります。「教頭は校長に精一杯気を遣って仕事をしている、それを理解して校長の自分が、忙しい教頭を労わる」という気持ちを持つことで、二人の関係がうまく回り始めるはずです。特に人間関係においては、「自分が考え方を変える」ことしか、解決方法はありません。

▼二人の関係が職場に影響を与える

校長と教頭の関係が良好であることは、職場の雰囲気に影響を与えることはもちろん、働く

職員の意欲や仕事の効率にも大きく影響します。私は以前、「校長先生と教頭先生の仲がよくて助かる」と事務職員や教員から言われたことがあります。管理職二人が良好な人間関係であれば、校長か教頭のどちらかに報告しておけば、スムーズに仕事が進むことになります。反対に、そうでない場合は情報の共有が困難になり、そのことによって仕事が停滞したり、同じ説明を何度も繰り返したりしなければならなくなります。そうなると仕事の効率が落ちるだけでなく、思わぬトラブルが生じることもあり、職員は、精神的にも肉体的にも消耗してしまいます。教頭との良好な関係づくりは、自分自身のためだけでなく、学校運営にも大きく影響すると心しましょう。

▼「人」として上に立つ努力を

役職の上下で自分を誇示すると、権威を笠に着て相手を自分の思うように従わせることになりかねません。そのような行為は「人」として恥ずべき行為といえるでしょう。校長、教頭は、役職として上下関係にありますが、人としては平等です。そのことを改めて頭に叩き込んでおきましょう。教頭との良好な人間関係を築くためにも、「人」として尊敬してもらうことのできる上司を目指すべきではないでしょうか。

RULE 18

教頭を下僕にするな

校長の補佐役である教頭は、役職の上下はあるが、同じ教師として理解し合い協力して学校運営を行う同士と考えなければならない。教頭に対して、自分の下僕のような働き方を求めることもやらせることもしてはならない。

▼具申を求める校長を目指す

学校運営に関わって、方向性や課題解決策などを決定するとき、教頭の意見を求める姿勢を持つことが必要です。ところが、教頭の意見に耳を貸さないだけでなく、意見を述べることさえ許さない校長の話を耳にしたことがあります。一般の職員に対しては積極的に意見を求めるにもかかわらず……です。教頭は校長の前では自分の意見を持ってはいけないとでもいうのでしょうか。これは、明らかに間違っていますが、教頭の中には、「教頭は自分の意思を持ってはいけない」と思ってしまう人がいないとも限りません。これから校長職に就く方には、教頭にそのような思いをさせることのない校長であってほしいと願うばかりです。教頭も教師です。これまでの自身の実践と経験にプライドを持っています。同じ学校の管理職、同じ教師として、**教頭の考えを聞き、意見を求めることができる校長**でありたいものです。

▼教頭は「母親」、校長は「父親」

校長の中には、職員との距離が近い教頭を許さない人もいると聞きます。実際私も、教頭時代に友達の教頭から、「職員と談笑していたら校長に呼び出されて指導された」「その場で怒鳴られた」という類の話をよく聞かされました。自分よりも職員から人気がある教頭をよく思わない校長が少なくないと感じます。古い考え方で、あえて書かせてもらいますが、教頭は職員と近い存在で、日頃から気軽に会話することができる「学校の母親」的な存在です。裁量権を持つ「学校の父親」である校長よりも、教頭の方が圧倒的に職員とフランクに接することができて当然と考える必要があります。学校運営にプラスになると考えれば、教頭が職員と良好な関係を築いてくれることを歓迎こそすれ、妬んで邪魔をすることは間違いであり、人としてさもしい考え方です。

▼謙虚さで威厳を保つ

職権を盾にして、教頭を自分の意のままに従わせようとすればするほど、教頭からの尊敬と信頼は失われ、うわべだけ従うふりをしていますが内心は反抗する状態になります。校長にふさわしい威厳を保つためには、誰に対しても誠実で丁寧に接し、人として尊敬されるにふさわしい振る舞いができるように努力する必要があると思います。「さすが校長」と、心から教頭に慕われる校長を目指したいものです。

RULE 19

苦手な人にこそ笑顔で近づけ

個人的に好き嫌いはあってよいが、人間関係の格差を職員にあからさまに感じさせることがあってはならない。学校運営上、校長はすべての職員と良好な関係を保っておくことが重要である。誰とでもフラットに会話できるように、苦手な人にこそ意図的に接する必要がある。

▼苦手意識は学校運営に支障をきたす

一般の職員とは異なり、校長職にあって、気が合うか否かによって、職員との接し方に差をつけることは学校運営に支障をきたすことにつながります。**職員は校長の言動をよく観察しており、校長の自分に対する接し方にはとても敏感**です。校長から他の職員とは明らかに異なる対応をとられると、不安を感じたり不信感を覚えたりするものです。そうなると、校長との接し方がぎこちなくなり、その態度によって校長からも話しかけづらくなり、互いに苦手意識を持ってしまいます。その結果、必要な情報の共有が困難になり、それが仕事の支障になったりトラブルを引き起こしたりする危険があります。校長は、誰とでもわだかまりなく接することができる関係を保つ必要があります。

▼校長は「近寄り難い」存在

相手との関係がぎくしゃくしていると感じたら、校長であるあなたから相手に近づく必要があります。「校長である私から近づく必要はない」などという不遜な考えは捨てなくてはなりません。職員からすれば、校長は「近寄り難い」存在であることを忘れてはいけません。苦手と感じる校長に、人間関係を良好にすることを目的として進んで近づくことができる職員など、めったにいるものではありません。校長であるあなたから近づくしか、良好な関係に改善する方法はありません。苦手な職員に、校長自らが進んで積極的に接することは、学校運営を円滑に行うためだけでなく、自分を人として成長させることにもなるはずです。校長として一段上に立って大きな心で相手を包み込む気持ちを持つ努力をして、校長としてだけではなく人としての成長を目指そうではありませんか。

▼職員のよさを見つける

そもそも、職員に対して苦手意識を持たなければ、余計な苦労をする必要はありません。職場には様々な教師がいて、中にはコミュニケーションをとるのが苦手な人も、管理職に挑戦的な態度をとる人もいるでしょう。しかし、どの人にもよいところがあるはずです。すべての職員のよいところを見つけ、それを素直に認める努力をすることで、相手に対する受け取り方が異なってきます。「苦手になりそう」とは絶対に思わず、「こんなよいところがある人」と思い込むことで、苦手意識を持つことはなくなり、平常心で相手と接することができるようになるはずです。

RULE 20

反論や批判を重んじよ

校長一人の考えだけをもとにすると、独りよがりの危険な判断を下す危険がある。そうならないように、自分の意見に対する苦言や反論を重く受け止めることが重要である。様々な立場からの多様な意見を集結することによって、多彩で豊かな教育が可能になる。

▼職員を「イエスマン」にしない

リーダーの周りに「イエスマン」ばかり集まる組織は崩壊するといわれます。自分の考えがあるにもかかわらず、上司の意向に沿う意見しか出さない人は、自分のことしか考えていない人ともいえます。自分とは異なる意見を力でねじ伏せたり、自分に批判的な意見を述べる職員を遠ざけるような態度をとったりしていると、「イエスマン」ばかりが自分の周りに集まってしまう危険があります。それは、周りの職員たちが、「はだかの王様」校長の顔色を第一に考えて行動する組織になることを意味し、正常な学校運営の妨げになります。「イエスマン」ばかりがいる組織は、学校運営の危機を招くと心しましょう。

▼反論や批判に感謝する

校長が学校運営の舵取りを間違えそうになったとき、職員がそれぞれの立場から冷静に導き出される意見を具申することがあります。子どもや学校のために真剣に考えるなら、時には校長とは異なる立場に立つこともあるはずだからです。たとえ上司であっても、明らかに間違っていることには苦言を呈するでしょう。トップリーダーは、そのような人物こそ大切にしなければなりません。**子どもや学校のことを一番に考える教師こそが宝**と考え、子どもや学校のためであれば、校長の前で堂々と意見を述べる職員に信頼を置く器量を、トップリーダーとして身に付ける必要があります。正常で活発な組織運営のために、校長に必要なのは、自分とは異なる意見や自分に対する苦言に真摯に耳を傾け、反論や苦言を呈してくれる職員に感謝する姿勢です。

▼校長の資質を高める

校長である自分の意見に対しての反論や批判は、自分とは異なる視点で子どもや学校の取り組み方を見直さなければならないことに気づかせてくれます。自分とは異なる意見を知ることで、物事を考えるための視野が広がることになります。多様な意見や視点から学校運営を考えることは、校長にとって大切な資質です。また、反論や批判への対処の仕方も、校長として力量を高めていかなくてはなりません。自分とは異なる意見をはなから無視したり、反論されたからと感情的になったりせず、冷静に受け止めて自分の中で消化したうえで判断材料にすることが大切です。反論や批判は、校長に必要な資質を伸ばす貴重なものと考え、自由に意見が言える職場づくりに努めましょう。

自分の心と闘う

中学生から大学を卒業するまで運動部に在籍していた影響もあると思いますが、私は、目上の人に対する気遣いを自然に身に付けてきたように思います。加えて、初めて仕えたのが非常に厳しい校長だったこともあり、教頭時代の私は、細部に至るまで校長に対する気遣いにかなり注意して仕事をしてきました。回覧文章や決裁資料を校長に持ち運ばせたことはありません。校長が横にいるときは、「校長先生、それでよろしいですか？」と必ず校長の決裁を職員の前でもらうようにしました。来客が来たときは、絶対に校長よりも出しゃばらないように気を付けていました。誤解のないように申し上げておきますが、校長の腰巾着のように媚びへつらっていたわけでは決してありません。上席の校長に対して考え得る限りの気遣いをすることが、教頭の大切な務めだと思っていたのです。

そういう教頭時代を過ごしてきたためでしょうか。校長になったばかりの頃、私は、教頭の些細な所作を自身のそれと比べてしまっていました。「自分は、もっと校長に気を遣っていた」「私なら、そんな無礼は働かない」。知らぬ間に、隣で働いている教頭に対する不満がどんどん増していきました。そして、教頭が何をしても批判的な目で見るようになってしまったのです。

「それは、あなたに問題があるよ。傲慢だよ」

毎日のように愚痴をこぼしていた私に、妻の厳しい「指導」が入りました。妻の言葉に、一瞬怒りが込み上げましたが、よく考えれば確かに私の心の中には「教頭なんだから、校長の俺に礼儀を尽くせ」という傲慢な気持ちがあったのだと思いました。

校長と教頭の関係が崩れることが、学校経営にとってどれほど悪影響を及ぼすか、十分理解していたはずです。その危機を校長である私自らがつくろうとしていたのです。私は、教頭と会話する機会を意図的に増やし、教頭の人柄を理解することに努めるようにしました。すると、それまでは腹が立っていた相手の言動の中に、私に対する彼なりの気遣いを発見することができるようになっていったのです。

この経験によって、「立場が上がるほど、自分自身との闘いが必要になる」と実感することができました。「実るほど頭を垂れる稲穂かな」という言葉がありますが、学校のトップリーダーである校長は、学校で一番謙虚な姿勢を身に付けなければなりません。私は、現在も自分との闘いに挑む日々を送っています。

RULE 21

思い通りになると考えるな

学校経営や学校運営、教育活動にかかわる決定権は、すべての提案が、校長の思い通りになると考えてはいけない。法律上、すべて校長が決定できるからといっても、職員を交えての話し合いを無視した決定は、職員との分断を招く危険がある。

▼職員は堀・石垣・城

言うまでもないことですが、校長一人の力では教育活動も学校運営も行うことは不可能です。直接子どもに授業するのも、生徒指導を行うのも、トラブル対応を行うのも、校長ではありません。学校や子どものために意欲的に働いてくれる職員があってこそ、理想とする学校づくりが可能になります。校長は、**自分が理想とする教育を実現するために方針を示し、職員が意欲的に気持ちよく働くことができる体制を整えて、子どもと職員をサポートするためにリーダーシップを発揮する**のが役割です。校長にはすべてを決める権限があるとばかりに、職員の意見や気持ちを無視して物事を決めていくことは、自分が理想とする教育を進めるために必要となる職員を失うことになり、危機管理に必要な情報や知識を提供して子どもや学校を守る職員を失うことになります。学校と校長にとって、職員は堀であり石垣であり城であることを忘れてはなりません。

▼交渉力を身に付ける

職権をもって自分の意見を通そうとすると、意見が通ったとしても、職員の不信と反発を買うため、結果として失敗といえるでしょう。もし、「なぜ校長である私の思い通りにならないの？」という気持ちが湧いたとしたら、職員のことを「自分に従うべき存在」として見ている自身の傲慢さを反省しなければなりません。校長だから自分の思い通りになるという不遜な考え方が、職員との分断を招きます。自分の考えを通したいと思うのであれば、話し合いによって自分の思いを誠実に伝えて職員の気持ちをほぐし、場合によっては交渉しながら妥協点を探る必要があります。教師として自分なりの考えを持っている対等の交渉相手として職員を見るということです。校長には、居並ぶ職員を説得し、納得させるだけの交渉力を身に付ける必要があります。

▼「思い通りにならない」のが常

職責が大きくなるほど、周囲の状況を考えて引くべきところは引き、我慢するところは我慢することが重要です。少しでも強引な態度を見せた瞬間、周囲から「偉ぶっている」「傲慢な校長」と、批判的な目で見られることになりかねません。校長というだけで、あなたに対する職員の目は厳しくなると考えましょう。「思い通りになったら儲けもので、思い通りにならないのが当たり前」程度に考えておく方が、精神衛生上よいでしょう。

RULE 22

感情を露わにするな

校長は一挙手一投足まで注目される存在であることを心しておかなくてはならない。些細なことで感情を乱され、表に露わにすることは、職員から敬遠されたり軽蔑されたりしかねない。平静と温和を常に意識して職員の前に座るようにしたい。

▼職員に心を読ませない

考えていることを表情や態度に表す人ほど、周囲にとって「分かりやすい」人はいません。一方、挑発して怒らせるような言葉や態度をとったとしても、決して向きにならずに平然としている人は、相手にとって何を考えているのか分からない怖さがあります。

校長は、トップリーダーとして「強さ」と「怖さ」を備えておく必要があります。個性的で知力に長けている学校職員をまとめ、組織を牽引しなければならない校長が、態度や表情で心の中を見透かされるようではいけません。「校長は、いざというときは自分を貫く強さがある」「ごまかしが効かない怖さがある」と、職員に感じさせる校長でありたいものです。そのためにも、日頃から感情を露わにすることを控えなくてはなりません。

▼職員を不安にさせない

些細なことに左右されて心を乱し、それを表情や仕草に表す人が、周囲の人によい印象を持たれることはありません。それが一般の職員であれば、指摘することもできるでしょう。しかし、相手が校長となれば、そういうわけにはいきません。なぜ不機嫌な態度をとっているのか気にもなります。その原因がもしかすると自分にあるかもしれないと考える職員もいるはずです。相手の言動に感情を露わにする校長では、職員が意見を気軽に話すことができなくなってしまいます。いつも顔色をうかがわなくてはならないような校長とは一緒にいたくないと思うでしょう。**校長が感情を露わにすることは、職員を不安にさせること**と考えて、常に穏やかで冷静でいるように心がけましょう。

▼近寄り難い存在にならない

感情の起伏が大きく、すぐに感情を露わにする校長に近寄りたいと思う職員は皆無です。職員との距離ができることは、学校運営にとって大きな痛手です。校長の指示や命令ですから、普段は仕方なく従っていても、いざとなったら職員の理解と協力が得られず、校長を中心に職員が一致して教育活動やトラブル対応に取り組む組織をつくることができなくなってしまいます。ただでさえ校長は、職員にとっては「近くない」存在です。感情の起伏を露わにするようでは、いざというときでさえ職員に理解されず頼りにもされない、学校運営の責任を負わされるだけの存在になってしまいます。

RULE 23

職員の立場で考えよ

校長の自分に対して職員が何を求めているのか、職員の立場になって考えなければならない。職員が働きやすいように、職場の環境を整えるのが校長の役割であるが、そのためにやれることを、想像力を働かせて先んじて行うよう心がけたい。

▼様々な立場で考え思いやる

当たり前のことですが、職場で働く職員には個性があり、それぞれの職員が、自分の願いや思いを持って働いています。どの職員も自分の意見を学校運営に反映させたいと願い、他の職員との関係を良好に保ちたいと願っているはずです。それら職員の願いや思いを想像するために、それぞれの職員が置かれている立場で物事を考えてみる必要があります。

すると、たとえば若い職員の意欲を削いでいる原因が見えてきます。たとえば新しいことに挑戦できない理由が分かってきます。そしてたとえば職員の人間関係のトラブルの原因を想像することが可能になります。校長は、職場で働くすべての職員をまとめなければなりません。そのためには、それぞれの職員の立場で物事を考えながら、すべての職員の思いや願いを想像する必要があります。

▼指示・命令が持つ意味

子どものトラブルや保護者への対応で、子どもにどのように指導すればよいのか迷ったり、保護者への説明の仕方に悩んだりする場合があります。一昔前とは異なり最近のトラブル対応や保護者対応には非常に神経を使わなければならなくなりました。少しでも対応を誤ると、大きなトラブルに発展して精神的にも肉体的にも消耗してしまいます。トラブルや保護者対応で、職員が管理職に意見を求める場合は、「指導を受けたい」という純粋な気持ちだけではなく、「自分で責任を負う自信がない」と訴えていると考えなければなりません。トラブル対応や保護者対応についての校長の指示や命令は、「学校のトップリーダーとして責任を持つ」という、職員の負担を背負う非常に重い意味が込められたものであることを意識しておきましょう。

▼校長とはどのような存在かを知っておく

振り返って、自分が一般の職員だった時代、校長とはどのような存在だったか覚えているでしょうか。そのときそのときの校長によるとは思いますが、ある意味「遠い存在」ではなかったかと思います。ほとんどの指示や命令は教頭から下されていて、校長から直接指導や命令を受けるときは、非常に緊張した覚えがあります。職員の立場になって考えれば、校長は近寄り難い存在なのでしょう。だからこそ**常に穏やかな姿を職員に見せなければ、校長の存在が職員を委縮させ、ダイナミックな教育活動が阻害される**恐れがあります。

RULE 24

共感力を高めよ

人前で、人の批判や非難をしないことは重要である。しかし、聖人の如くあまりにも感情を表に出さずにいることは、職員に不満と不安を抱かせることになる。同じ教師として、職員の気持ちに寄り添う姿勢を表現することも必要である。

▼職員は共感を求めている

学習指導や子どものトラブル、保護者対応などで、職員が憤りを爆発させたり愚痴を言ったりするのは、学校という職場では日常茶飯事のことです。学校で起こる様々な出来事の中には、教師であれば誰でも同じように経験をしているものが少なくありません。同じ教師として、校長になった今でも、教師のやりがいや喜び、憤りややるせない気持ちなどを理解できるはずです。職員が何に喜び、どんなことに憤りを感じているのか、敏感に察知して、「私も嬉しい気持ちになるよ」「その気持ち、よく分かる」などと、相手の気持ちに寄り添う言葉を返すことで、「分かってほしい」という気持ちを満たすことができます。

そして、職員の気持ちに共感することで、相手に、「校長に分かってもらえている」という安心感を与え、「自分の考え方に間違いはない」という自信を与えることになります。

職員は校長に共感を求めていると考えるようにしましょう。

▼職員の「熱」に共感する

トラブル対応や危機管理対応をはじめ、学校運営のために、校長は平常心を保ち、冷静沈着に物事を考えることが重要です。しかし、教育に対する思いは、職員に対して熱を持って伝えるべきだと思います。教師の成長を促すことは、校長の大きな役割の一つです。やる気のある教師は、自分なりの教育観と指導観に基づいて、子どもの前に立っています。たとえば、子どもにとってよいと感じたことに対して、前例のないことでも意欲的に挑戦しようとする教師や、専門分野を極めようと日々の指導に邁進している教師がいます。同じ教師として、教育に真摯に取り組んでいる姿に理解を示すことが、職員の意欲を応援し、教師としての成長を促す校長の姿勢を伝えることになります。

▼憤りに共感する

特に、子どものトラブルや保護者対応などについては、憤りややるせない感情を募らせる職員は多いものです。子どものトラブルや保護者対応について、校長に憤りをぶつけてきた職員に対して、「感情的になってはいけない」などと正論を返すのはよくありません。子どもや保護者の批判をしてはいけませんが、「本当にやってられないね」などの**共感のひと言をかける**ことが大切です。職員の憤りに共感の言葉を返すことで、救われた気分を味わってもらい、理解者がいるから頑張れると感じてもらうことが大切です。

RULE 25

感動はためらわずに伝えよ

学校は多くの感動と出会う場所でもある。子どものわずかな成長や教師の意欲的な挑戦に涙することも。子どもの頑張りや保護者とのつながりに心を洗われることも。出会った感動は、心の中にしまい込まず、ためらうことなく伝えよう。

▼職員に感動を伝える

特に最近の学校現場は多忙を極め、巷では「学校はブラック職場」と揶揄され、教師になることを躊躇する人が増えています。しかし、たとえ「ブラック」と言われても、私たち教師は、子どもの成長とそれを喜ぶ保護者の姿に教師の仕事の充実感とやりがいを覚えます。「教師って素晴らしい仕事だ」と職員に感じてもらうことが、仕事に対する意欲を喚起し教師としての成長を促すことになります。そのために、些細ではあっても、子どもの成長を職員と共に喜び、保護者とつながる喜びを分かち合うことが、校長というリーダーに必要ではないでしょうか。子どもからもらった感動を職員に伝え、職員の感動に共感する校長でありたいものです。

▼子どもに感動を伝える

一日のうちに何度か、校内を見回って子どもの様子を観察すると思います。見回りの目的は校長によって学校経営のヒントや危機管理に必要な情報を得ることを目的にしている人など様々でしょう。生徒指導を目的としている人もいるかもしれません。校内巡回の目的はいろいろあってよいと思いますが、ぜひとも、「感動に出会う」ことを目的の一つにしていただきたいと思います。毎日見回りをしている校長の姿に、子どもは何を感じているのでしょう。おそらく、自分たちの頑張りを見に来てくれているのだと、嬉しさと緊張を感じていることでしょう。ですから、子どもの些細な頑張りに出会った感動を、子どもに伝えてほしいのです。「すごい」「やるねえ」「感動した」などのたったひと言でよいです。**校長からのひと言は子どもに自信と意欲を与えるひと言になる**と信じて、毎日出会う小さな感動を、子どもに伝えましょう。

▼感動を発信する

学校で出会った感動を、直接子どもや職員に伝える大切さについては書き記した通りです。加えて、学校の広告塔である校長として保護者や地域に出会った感動を伝えることも考えてみましょう。学校だよりやホームページ、ＰＴＡや地域の方が集まる学校関係の会議での校長あいさつを利用して、学校で出会った小さな感動のエピソードを紹介することができます。学校にはたくさんの感動と出会う機会があることを広く伝えることで、教師の仕事に対する理解を深めてもらうことも校長の大切な役割ではないでしょうか。

RULE 26

学校だよりは「人」を伝えよ

校長が、直接保護者に自分の思いを伝える場は、そう多くはない。「学校だより」は、その数少ない場である。行事や子どもの様子を紹介するだけではなく、そこから感じ取った思いや願いを伝えることで、読者に自分という「人間」を伝えることが大切である。

読者の目線で考える

校長になったばかりの頃、私の学校だよりは、学校行事などでの子どもたちの様子を、写真を交えて紹介するものでした。しかし、ただ単に学校紹介をするようなおたよりをつくることに苦痛を感じるようになりました。「書いている自分がつまらないのだから、読者もきっとつまらないだろう」と考え、思い切って、自分の思うことを伝えることにしました。対象が保護者であることを考えて、自分の経験から感じた子育てや家庭教育に関する思い、学校教育の時事的な話題などを自分の言葉で書くように心がけました。写真もイラストもない、文章が綴られているだけの学校だよりですが、保護者や地域の方からは案外好評をいただいてきました。学校だよりも、学級通信同様、**読者がどんなことに興味を持ち、何を求めているのか、読者の目線で書くこと**が大切だと思います。

「自分」を伝える

保護者や地域が学校だよりに求めているのは、校長がどのような人物で、どのような考え方で学校経営を進めようとしているのかということです。校長として、どのような考えで学校経営を行っているか、教師として、どう考えて子どもの指導を行っているか、人としてどのようなことに感動し、どのようなことに憤りを感じているのか……。もちろん、読む人に不快感を与えたり、誤解を招いたりする文章には十分気を付けなければなりません。しかし、学校だよりを通して、自分という人間を理解してもらうために、自分の思いや考えを素直に綴ることが大切です。

▼行事紹介はHPで十分

私が校長になりたての頃に発行していた、学校行事での子どもたちの様子を写真入りで伝えたり、行事予定を紹介したりする記事が中心のおたよりは、現在は、ホームページで紹介する方が適切です。カラーで伝えることもできますし、パソコンやスマートフォン等で時を選ばずに閲覧してもらうことが可能です。保護者は、ホームページと同じようなおたよりを、興味を持って真剣に読もうとは思わないはずです。それに、校長としての学校や子どもに対する思い、学校教育や家庭教育など教育に関わる校長としての考え方を、保護者や地域の方に伝える「学校だより」という貴重な場を、単なる行事紹介にしてはもったいないと思います。

RULE 27

職員の力を集結せよ

当然のことだが、職員一人ひとりが異なる能力を持ち、それぞれ考えを持っている。それら職員の力を集結することで、よいアイデアが生まれ、広い視野で教育を行うことが可能になる。職員の力を集結することができるのは校長だけである。

▼変化の激しい今だからこそ

これまでの学校では、学校行事や年間計画などが、「例年通り」行われることが多かったように思われます。しかし、最近ではＩＣＴの活用が教育現場に導入されたり、授業の個別最適化が推進されたりして、学習環境が目まぐるしく変化しています。それに加えて、新型コロナウイルスの感染拡大によって、学校行事や学習形態も以前と同じというわけにはいかなくなっています。このような変化の激しい時代は、何が「正解」なのか誰にも判断することができません。特に大きな変化が求められる現在の学校では、校長が中心となって職員が協力して、よりベターな方法を考えていくことが大切です。教育委員会の方針や保護者の願いなどを総合的に考慮しながら、意見を募って職員で考え課題に向き合うことで、よりよい解決方法を見出すことができ、職員の団結力を高めることになります。職員の団結力こそが、学校運営の強い力になります。

▼自分の考えは控える

前述しましたが、校長が先んじて自分の意見を出してしまうことで、職員のアイデアや意見が影を潜めてしまいます。もちろん、到底受け入れることのできないものは、学校を預かる者として、断固として受け入れてはいけません。しかし、職員の力を結集するためには、ある程度常識的な方向の中で職員の持っている意見を引き出して、「みんなで意見を戦わせて決定した」という事実をつくることが大切です。校長の役割は、できる限り多くの教師が、自分の持っている考えを他の職員の前に出すことができる職員室をいかにつくるかということではないかと思います。

▼すべての意見を否定的に捉えない

職場にいるすべての教師が、自分と同じ考え方や教育観を持っているわけではありません。自分とは正反対の意見を持っている教師もいれば、自分では思いつかないような考え方をする教師もいるはずです。そのような、自分とは異なる考え方や意見を否定的に捉えない姿勢が必要です。「そのような考え方もあるか」「自分では思いつかない意見だ」と、肯定的に捉えて、一旦は受け入れてみることが大切です。自分とは異なる考えや反対意見を受け入れたうえで自分の意見と比較し、どちらがよりよいものなのか、冷静に考えることのできる**「懐の深さ」**が、トップリーダーの校長には求められます。

RULE 28

「ボトムアップ」のリーダーを目指せ

学校はボトムアップの職場である。それぞれの教師が個性を発揮しながら、子どもの実態に応じた指導を行うことで、学校全体が活性化され特色が発揮される。職員の意思を尊重し、職員の力を引き出して学校経営を行うのが校長のリーダーシップと考えなければならない。

▼学校はボトムアップの組織

戦後、教育の民主化が進められた時代から始まり、おそらく現在でも、学校は「超」ボトムアップ型の組織といえます。地域性によって差はあると思いますが、現在でも、職員会議における一般教諭の発言力は大きく、校長は一般教諭の話し合いによって合意された事項を承認する役割を担っているという学校が多いのではないでしょうか。特に、校長になってリーダーシップを発揮しようと張り切っている人は、「学校はボトムアップで決定がなされる組織」であることを、ご自身の経験を踏まえて再度確認してください。職員をまとめリーダーシップを発揮するためには、ボトムアップの意思決定方式を破壊するのではなく、うまく利用することに力を注ぐことが重要です。

▼ボトムアップ式で教師力量向上を図る

個性の塊のような子どもが集う学校現場では、定型の指導方法があるわけでなく、一つのクラスで通用した方法が別のクラスでも同じ効果を挙げる保証はありません。そのため、教師自らが目の前の子どもに対応した指導方法を、必要に応じて実践し経験を積むことでしか、授業力量や生徒指導力を高めることは困難といえます。目の前の子どもの実態を理解できていない校長が、トップダウン的に授業方法や生徒指導の方針を決めてしまえば、教師は自分の経験や意見が取り入れられないことに不満を持ち、力量アップの意欲を失う恐れがあります。それぞれの教師が、目の前の子どもに応じて、自分が納得できる方法を選択し実践し、得た情報を交流しながら力量を上げていくことができる仕組みづくりにリーダーシップを発揮するのが校長の役割です。

▼欠点を補うリーダーシップ

子どもの指導や保護者対応に、柔軟性や高い専門性が求められる教師の仕事には、ボトムアップ型のスタイルが効果的です。しかし、個々の職員を尊重しすぎて意思決定が遅れたり不可能になったりする欠点があります。また、全員で共有しておくべき、学校の方針を見失う職員が出てくる危険もあります。このような**ボトムアップ型の欠点を補うのが校長のリーダーシップ**です。意見交流により出された様々な立場での職員の意見を、学校経営の方針に従って取捨選択してまとめ、職員が同じ方向で子どもを指導するように統括することにリーダーシップを発揮しなければなりません。

RULE 29

職員の特性を把握し生かせ

学校経営を適切かつ効果的に進めるためには、校内組織の職員配置を適切に行い、職員の能力を最大限に引き出すことが重要なポイントとなる。それを可能にするために、職員一人ひとりの特性や希望を把握する必要がある。

▼ミドルリーダーを育てる

校長の学校経営方針や指導方針を職員に理解してもらい、実際に動く組織にするためには、管理職と職員とをつなぐミドルリーダーの存在が必要不可欠です。校長の方針を理解し、他の職員を牽引して実際に動いてくれる存在がいることで、学校運営が円滑に進められます。ミドルリーダーにふさわしい人材として、学習指導や生徒指導で優れた力量を持ち、かつ、他の職員から信頼が厚く発言力がある教員経験豊富な中堅教員が考えられます。以前は、校長が年功序列で教務主任や研究主任を決めることがよく見られました。しかし、経験年数や年齢だけを基準にした校務分掌の割り振りは、優秀な人材の意欲を削ぎ、変化の激しい現在の教育現場に必要な新しい教育の実現を妨げる危険があります。現在は、優秀で意欲溢れる若い教師を、リーダーとして育てる必要があります。

▼若手とベテランの融合を図る

大量退職の時代が続き、多くの学校で二十代から三十代前半の若い教師が増えています。反対に、採用が少ない時期に教師になった四十代から五十代前半の教師の数が非常に少ないいびつな世代構成が原因で、指導技術や経験が伝わりづらくなっています。その影響もあって学級崩壊や保護者対応のトラブルなどが増えています。経験豊かなベテラン教師が新任や若手教師に教育技術や保護者対応などの経験を伝えることができるような校務分掌の割り振り、学年配置を考えることも校長の重要な役割です。新しいことに対する挑戦意欲の高い若手教師と、経験豊富なベテラン教師とが交流できる人員配置を行うことで、互いに長所を吸収し短所を補って、学校全体の教育力向上につながります。

▼配置基準を明確に持つ

校務分掌や学年配当を考える場合、**何を基準にして職員を配置するか**、明確にしておかなければなりません。伝統的な年功序列や職員の希望、校長から見た職員の適性や能力等々、校長によって様々な配置の基準があると考えられます。どのような基準によって校務分掌や学年配当を決定するのかは、校長の考え方次第ですが、あまりにも偏り過ぎた配置は、職員の不満を招き意欲を奪ったり、学校運営に支障をきたしたりする危険があります。職員の希望や意欲を受け止めながらも、それぞれの職員の適性や能力を考え、誰もが納得できるようにすることが、学校にとって最も適した配置を実現することになります。

RULE 30

「やる気」を応援せよ

特に若い職員の中には、「子どものためになるなら」と、既存の枠にとらわれない新しい試みに意欲を持つ者も少なくない。意欲的に教育実践に取り組もうとする職員の姿勢に理解を示し、実現のために支援する校長でありたい。

▼変革の時代の校長を目指す

二〇二〇年から始まった新型コロナウイルス感染症の拡大に伴い、学校現場は大きな変化を求められることになりました。それまで遅々として進まなかった学校教育のデジタル化が一気に進み、一人一台端末の普及を実現させました。そのことで一斉授業による知識注入型の学習形態から、子ども一人ひとりの興味関心や学習状況に応じた個別最適化された学びの授業を実現するために、教師の意識の変革も必要になっています。このような変革の時代には、新しいものを意欲的に取り入れようと試みる若い力が重要です。あなたの職場にも、おそらくデジタル教材やオンライン授業の実現に対して意欲的に挑戦したいと頑張っている教師がいると思います。このような新旧の考え方が入り乱れる変革の時代には、新しい試みをよしとしない人たちが立ちはだかります。子どもと学校の将来のために、新しいことに果敢に取り組んでいる教師を理解し、支援する校長でありたいものです。

▼納得して支援する

新しい取り組みに対するアレルギーは、昔から学校現場を支配していました。教育が文化の継承を担っていることを考えれば、学校教育が急激な変化には慎重にならざるを得ないことは理解できます。しかし、**世界の潮流に取り残されるような不変への固執は、子どもの将来に損失を与えかねません。**小学校での英語教育しかり、ＩＣＴ教育しかりです。「子どものため」という共通の目的を持つ職員同士です。取り組みの進め方や説明の仕方によって、一歩でも新しい取り組みを実現することができるようサポートしましょう。意欲的な教師の取り組みに、なんでも賛成せよというわけではなく、自分の考え方に則して熟考し、その考え方に納得することができたら、支援の手を差し伸べることが、学校経営にとってプラスになるはずです。

▼校長にしかできない支援を

地域の協力を得なければならないものや、教育委員会の許可が必要なもの、金銭的な支出が必要なものなど、教師の力だけでは実現するのが難しい取り組みが多々あります。教師に対する校長の応援とは、校長だからこそ可能な交渉や許可や準備などを進めるということです。このような校長の「応援」が、ダイナミックな教育実践を生み出し、意欲溢れる教師を育てることにつながると思えば、校長とは夢のある仕事だと思えてきます。

RULE 31

指示や助言は具体策を示せ

校長が職員に伝えることは、教育観や教師の心構え、学校経営や危機管理など、一見ぼんやりとしたことが多いように思われる。しかし、だからこそそれらを具現化するための計画や方法などの指示や助言は、できるだけ具体的に示し、職員が動きやすくする必要がある。

▼「方向性」を校長自身がしっかり理解する

年度初めに、学校経営案や教育目標を示して、どのような学校づくりを目指すのか、全職員で確認すると思います。たとえば、「楽しい学校をつくる」という学校経営の方向性を職員に伝えたとしても、何をもって「楽しい学校」というのかぼんやりしすぎて職員には伝わりません。「分かる授業」とか「きまりを守る」などのより具体的な目標を提示する必要があります。そしてそのために、具体的にどのような方法を選択するかを考えなくては、「楽しい学校」にするために、職員が同じ意識を持って取り組み進むことはできません。すべての職員に方針を理解してもらうために、立てた方針や目標の達成に向けて必要なことを校長自身がしっかり理解しておかなくてはなりません。職員に問われたときに、自分が思い描いている計画や方法をできるだけ具体的に説明できるくらいにしておいてはじめて、全職員で一致して、実際に取り組みを進めることが可能になります。

▼職員は具体策を求めている

トラブルや保護者対応など職員からの相談があった場合、職員は単に「校長に話を聞いてほしい」と思っているわけではありません。職員からの報告や相談を受けた瞬間、その事案について「校長として責任を引き継ぐ」ことを意味しています。そう考えれば、トラブルや保護者対応を「自分事」と捉え、解決に向けての具体策を真剣に考える必要があります。職員もまた、校長からの具体的な指示や助言を求めているはずです。たとえば「保護者から毎日のように電話がかかってくる」という相談に「しばらくの間、こちらから保護者に電話して情報共有を密にする」「子どものよい面を探すようにする」など、**より具体的な提案をすることが、職員を助け自分を助けること**になります。

▼具体的な指導が成長を促す

特に、経験が浅い新任や若手教師は、校長などベテラン教師から学ぶ必要性を感じたり、助けを求めたりしています。職員の学習指導や生徒指導に対する校長の指導や助言は、できる限り詳細かつ具体的に行うことが大切です。そのために、校内巡回でしっかり教師と子どもの様子を観察する必要があります。教師と会話する機会をつくり、子どもの様子や教師の指導で気づいたことを具体的な場面を取り出しながら共有します。そのうえで、改善のための指導方法を具体的に指導助言するようにしましょう。

RULE 32

叱りには細心の注意を払え

所属職員の監督は校長の重要な職務である。学習指導や生徒指導に不備不足がある職員を指導し、時には叱ってでも職員の成長を促さなければならない。しかし、様々なハラスメントが問題になっている昨今は、職員の指導に細心の注意を払う必要がある。

▼言葉遣いに気を付ける

繰り返しになりますが、職員からすれば校長は気を遣う存在です。校長から呼び止められたり校長室に呼ばれたりするだけで、緊張し警戒します。いくら自分はフレンドリーな校長だと考えている人でも、そのことを念頭に置いておく必要があります。職員にとって「畏れる」存在である校長からの指導は、精神的にかなりの衝撃を与えると考えなくてはなりません。ましてや、厳しい表情やぞんざいな言葉遣いでの指導は、「指導」ではなく「パワーハラスメント」「モラルハラスメント」と受け取る職員もいるでしょう。そうなると、職員を指導し成長を促すどころではなくなり、校長であるあなた自身の進退にかかわる問題に発展しかねません。厳しい指導が必要であればあるほど、柔和な表情と穏やかな言葉遣いに心がけ、相手が納得できるように丁寧に説明することが重要です。

▼相手の話を聞く

相手が、経験年数をある程度有しプライドを持っている教師だった場合、校長からの指導とはいえ、素直に受け入れてもらうのは困難と考えるべきです。「こうしなさい」「ああすべきです」といくら指導したところで、表面上は納得しているように見えても、心では校長の指導を批判的に聞いている場合もあり得ます。若手、ベテランを問わず、指導を納得して相手に伝えるためには、相手の話をしっかり聞くことが重要です。「どのような考えで子どもを指導したのか」「なぜ、保護者は苦情を伝えてきたと思うか」……。当の教師の考えをしっかり聞き取り、受け入れるべきところは同調し、対策方法を共に考えながら、校長としての自分の考えを伝えていくことで、相手に納得のいく指導になるはずです。校長として、職員に指導しなければならない気持ちがあればこそ、まずは**一人の教師として相手の思いや願いを共有することから始める**ことを忘れてはいけません。

▼禁句を確認しておく

この言葉だけは言ってはいけないという「禁句」を、自分で決めて日頃から確認しておくとよいでしょう。人格を否定し相手を傷つけるような言葉は問題外で言うに及びませんが、たとえば「それがダメ」「なぜできない」「次はないよ」など、有無を言わさず相手をひれ伏させるような言葉を言わないよう、自分の中で禁句指定しておきます。そして、何よりも職員を指導するときは、通常以上に冷静沈着であることを確認して行いましょう。

RULE 33

評価は仕事を基準にせよ

成果と基準が不確かな、教師という仕事を評価するのは実に難しい。だからこそ、自分なりの確固とした基準での職員評価を心がけなくてはならない。人物の好き嫌いや、自分にとっての都合の良し悪しによって職員を評価することは、決して許されない。

▼「好き嫌い」の評価が職場の意欲を削ぐ

現在では給料やボーナスに直接影響する自治体も増えているため、教職員の人事評価が悩みの種になっている校長は少なくありません。一般企業であれば基準となる成果を数値化することができることが多く、大多数が納得できる評価が可能です。しかし、子どもを教育する教師の仕事は、何をもって成果とするのかが不確かで、校長の説明如何によっては不満と不信感を与える危険があります。だからこそ、職員の評価が、自分に対する態度の良し悪しや相手に対する好き嫌いに左右されることは、絶対に避けなければなりません。同じ仕事をしても、校長の覚えがいい者だけが評価されていると感じさせることは、懸命に働いている職員の意欲を削ぐだけでなく、職場の雰囲気にも悪影響を及ぼします。客観的に誰が見ても納得することのできる基準を持って職員を評価しなければなりません。

▼授業中の子どもの様子を基準に置く

教員を評価する基準の一つは授業力量です。学校を見回ってそれぞれの教室での授業の様子を観察すると、担任をはじめ、授業を行っている教師によって、子どもたちの様子が異なることに気づきます。同じように子どもたちの会話が聞こえていても、授業とは関係のない私語が飛び交っているクラスもあれば、学習内容について意見を交流する声が飛び交うクラスもあります。静かで落ち着いているように見えても、大半の子が授業に集中せずに座っているだけのクラスと、一人として教師の話を聞いていない子がいないクラスがあります。授業中の子どもの様子を基準にして、教員がどのくらいの授業力量を備えているのかを測ることが可能です。

▼子ども・保護者との関わり方を基準に置く

子どものトラブルに対する指導の仕方や保護者との向き合い方を評価の基準にすることができます。確かな学級経営を行うことのできる教師は、生徒指導や保護者対応の力量の高い教師とみて間違いないでしょう。生徒指導や保護者対応の力量は、教師として必要不可欠な資質です。クラスでトラブルが起きても、初期のうちに的確に対応することができ、保護者との関係づくりも確実にできる教師は、評価に値する力量を持っています。教師の、生徒指導や保護者対応の力量を知るために、日頃からコミュニケーション作りに努め、**些細な情報であっても確実に校長まで届く体制づくり**をしておく必要があります。

RULE 34

人事には誠心誠意を尽くせ

職員の人事に影響力を持つ校長は、特に職員の異動について職員が納得できるように誠心誠意を尽くさなければならない。学校経営のためという理由であっても、職員に不誠実と受け取られれば、大きな労働トラブルを引き起こす危険がある。

▼職員に寄り添った人事を

当然のことですが、学校で働く職員は、誰も皆それぞれの生活事情を抱えています。親の介護や子どもの教育のために異動を希望する職員もいるでしょう。結婚や出産を機に、他の学校に異動せざるを得ない職員もいるでしょう。様々な事情で異動を希望する職員に代わって、教育委員会に直接相談することができるのは校長だけです。個々の職員としっかり話し合って職員の希望を聞き取り、職員の意向を教育委員会に伝える必要があります。結果的に希望通りにならない場合もあるでしょう。しかし、校長として職員の生活を守るためにできる限り力を尽くすように**誠意を持って対応すること**が重要です。

▼学校を嫌いにさせない

社会的な問題になっている教員不足や質の低下は、多くの学校で死活問題になっています。指導力不足や、子どもや保護者、同僚とのトラブルなどで、途中で休んだり辞めたりする教師も増えています。そのような職員の多くが「子どもと保護者がどうしようもない」「職員が冷たい」「校長が悪い」などと、学校を批判して去っていきます。休んだり辞めたりする職員が、学校を嫌いになったり恨んだりすることは、校長として恥ずべきことであり、そう思わせてしまったことを反省すべきでしょう。躓いて悩んでいる職員をサポートする体制を迅速に動かし、校長として話を聞いて精神的なフォローをし、職場に踏みとどまらせるように力を注がなければなりません。それで結果的にダメだったとしても、「温かい学校だった」「よくしていただいた」と言われることを目指したいものです。

▼納得させられる根拠を示す

本人から留任の意向を伝えられているにもかかわらず、学校経営上、異動させざるを得ない場合もあるでしょう。指導力不足や他の職員とのトラブルなど、それなりの理由はあるのですが、異動の根拠になるほどの大きなトラブルも起こしていません。当の本人が全く分かっていない場合が少なくないこのような案件では、絶対に「あなたが悪い」「学校に必要ない」と思わせてはいけません。現在の学校で起こった様々なトラブルを具体的に取り上げながら、「あなたのために、新天地で力を生かしてもらいたい」と、異動に納得できるように導くのが定石です。結果的にその年の異動をあきらめることになったとしても、粘り強く交渉しながら、学校経営の方針を貫くことが重要です。

「構える」大切さを教わる

私は元来、人に頼むよりも自分で動いた方が楽だと考える人間です。教諭時代、一番年下の時期が長かったこともあり、行事の企画から運営まで、ほとんどすべての作業を自分でやってきました。この習慣は教頭になっても変わらず、目に飛び込んでくる仕事は、すぐに取り掛かり、本来は担当職員に割り振るべき仕事までも、やってしまっていたのです（いいことではありませんね）。

そういう習慣が長く続いたことと、同じ学校で教頭から校長に昇任したこと、そして補佐役の教頭が初任者だったこともあって、事務仕事や体を動かす作業を、校長になってからも積極的に行っていました。校長室に座っているよりも、事務仕事をしたり体を動かしたりしていた方が、「学校のために働いている」という満足感を得ることができました。何よりも、自分でやる方が早く仕事を終わらせることができるし、仕事の詳細を把握することもできて、気分的に楽だと思えました。

初任の校長で勤務していた学校は、地域とのつながりが深い創立百年を超える伝統校でした。校長になって間もない頃、学校を会場にした地域行事のために準備をしていたときのことです。教頭時代からお世話になっている地域の重鎮の方からお叱りを受けました。

「校長先生、何をチョロチョロ動き回ってるの？　あなた、校長になったんですよ。ドンと構えて、全体を見渡して人を動かしなさい」

顔は笑っておられましたがその目は真剣で、私は厳しく叱られていることを自覚しました。確かに、自分自身が体を動かすことは簡単なことで、気持ちも楽です。しかし、校長の役割は、自分で仕事をやってしまうことではなく、教頭をはじめ職員を上手に動かし、仕事を覚えてもらうことです。全体を観察しながら、不足があれば必要に応じて修正を加え、職員を励まし、場合によっては指導助言を与えることです。

校長が実務を行ったり体を動かしたりしてはいけないということでは決してありません。しかし、いつもどんな場面でも校長が動き回っていては、全体をまとめ指揮を執るという重要な役割ができなくなる恐れがあります。私は、「働いている」という実感を得ることに加えて周囲から「校長、頑張ってるな」という評価を得て、自己満足していただけに過ぎないことを深く反省しました。「校長は、ドンと構えておきなさい」という言葉は、校長というトップリーダーに必要な姿勢として、私の大切な指針になっています。

RULE 35

トラブル事案はすべて把握せよ

学校で起こる様々なトラブルは、最終的に校長が責任を負うことになる。事の大小にかかわらず、学校で起きるすべてのトラブルを把握して対応を見守る必要がある。すべてのトラブルを把握することのできる体制を整えておかなければならない。

▼学年単位での情報共有を密に

トラブル事案の把握ができない最大の理由は、情報共有が行われていないことです。トラブルを担任一人ですべて抱え込んでしまい、校長に情報が回ってきたときには、既に解決に相当な労力を要する重篤なトラブルになってしまっています。繰り返しますが、トラブルは初期対応がすべてです。些細と思われるようなトラブルでも、必ず他の職員と情報共有する体制を考えておかなければなりません。そして、その体制を実現するのが校長の役割です。そのためには同じ学年を担当する教師で、忌憚なく会話することのできる環境づくりが必要です。会議や研修、終礼の後に、それぞれの学年で情報共有する場をわずかでも設けることで、改めて場を設定しなくても自然に職員同士の会話が飛び交い、それが自然に初期対応につながっていきます。日頃から職員に**「トラブルは起きて当然、一人で抱え込むことは教師として恥ずかしいこと」**と、情報共有の必要性について指導しましょう。

▼保護者への連絡事案は必ず報告させる

ケンカやケガをはじめ、保護者に連絡をとる事案については、必ず学年主任や生徒指導部を通じて、管理職まで情報を流すことを全職員で共通理解しておきます。「こんな些細なことまで?」と初めのうちは職員からの不満が出るかもしれません。しかし、実際にやってみれば、保護者と連絡をとるすべての事案について、管理職に把握してもらっていることに対する安心感を理解するようになります。管理職をはじめ他の教師に相談をもちかけやすくなるため、安心して迅速に適切な対応をとることができるようになり、職員の連携も深まっていくという一石三鳥の効果が期待できます。

▼教頭との連携を密に

教育活動に関するどんな些細な情報も、耳にしたものは必ず互いに報告し合うように、教頭と示し合わせておきましょう。職員は、教頭が知っていることは校長も、校長が知っていることは教頭も知っているのが当然と考えています。職員からの情報は、校長よりも教頭に集まるのが通常ですから、校長が、トラブルに関する情報を把握するためには、教頭との連携が必要不可欠です。スムーズな連携のためには、日頃の教頭との関係が良好に築かれていなければなりません。先述しましたが、良好な関係を築くことができるか否かは、上席である校長のあなたの姿勢にかかっています。

RULE 36

先手を打って動け

円滑な学校運営のためには、迅速に動くことが重要である。何か起きてから対応するのでは遅い。何かが起きそうな予兆が見られたらすぐに動くことができるよう、日頃から、危機意識を高めて学校を観察しておく必要がある。

▼組織を把握し動かす

年度初め、校務分掌が決められます。担任や教務主任や研究主任をはじめ、主だった役割については、直接校長が決めるはずです。しかし、教科担当者や各部会の構成メンバーなどは、教務主任が割り当てたものを承認するという学校も少なくないはずです。たとえ、割り当てを他の教師に任せたとしても、校務分掌をしっかり把握しておかなければなりません。校務分掌を把握しておくことで、学校全体を見回し子どもの学力や安全などにかかわって気になることがあれば、その内容を担当職員にすぐに伝え、速やかに部会で検討してもらうよう指示することができます。**校務分掌表を目の付く場所に置いて**おき、子どもの教育活動で気になることや課題に気づいたら、迅速に動けるようにしておきましょう。

▼学級崩壊は先手必勝で防げる

学級崩壊が起きると、学習保障が不可能になり、いじめなどの友達関係のトラブルや身体の安全にさえ支障をきたすようになります。大きな崩壊が起きるまでの予兆として、一部の子が教師の指導を受け付けなくなり、教師の指示を無視したり反抗的な態度をとったりするようになります。この段階で、迅速に対策を打っておかないと、他の子までが教師の指示を受け付けなくなり、本格的に学級が崩壊してしまいます。**「怪しい」と感じた時点で**、学年主任や生徒指導主任に対応策を考えるように指示し、担任が一人で抱え込まないように学校全体の問題として支援体制を組み実行しましょう。

▼保護者対応は先手必勝が命

保護者対応は、学校が抱える負担の中でも大きな割合を占めています。一般的に、保護者とのトラブルが重篤化して解決が困難になった時点で、対応の役目が最終責任者の校長に回ってきます。しかし、もっと早い段階で校長が関わることで、保護者対応にかける労力を最小限にすることができるはずです。とはいえ、早い段階から直接校長が保護者対応を行うわけではありません。数年のサイクルで交代する校長・教頭よりも、長年同じ職場に在籍している一般の職員の方が、地域の実情や保護者の実態に通じています。職員が有している様々な保護者についての情報や、対応に役立つ情報を活用することで、迅速かつ的確な対応が可能になり、事態の重篤化を防ぐことができます。職員間の情報共有が円滑に行われるように、校長が**イニシアチブを取る**ことが重要です。

RULE 37

トラブルにはとことん付き合え

子どもたちが集団生活をおくる学校では、子どもにかかわる様々なトラブルが起こる。トラブルが起きる度に、対応に当たる教師はエネルギーを消耗する。その解決に向けて、教師をサポートするために、校長はトラブルにとことん付き合う覚悟を持たなくてはならない。

実行的な組織運営を

子どものトラブルは、その大小によって教師に相応の精神的なダメージを与えます。特に最近では、学校の対応に社会や保護者が過敏になっています。些細な出来事でも、対応の仕方によっては、大きなトラブルに発展し、対応のために精神的にも肉体的にも消耗する危険があります。そうならないように、学年集団や生徒指導部などで組織的に対応を行う必要があります。些細なトラブルでも協力して解決に取り組み、一人の教師が抱え込まないように、実際に動くことのできる組織でなければ意味がありません。いざ発生したときに、職員が協力して対応するような実行的な組織運営を行うことが校長の務めです。

初期対応から関わる

校長はトラブルが大きくなってから登場するものだという考えは捨てましょう。もちろん危機管理上、最初から校長が前面に立つことは間違っています。しかし、前に出ないことイコール関わらないことではありません。トラブルは火事と同じで、初期対応がすべてといって過言ではありません。どんなに高い能力を持つ校長でも、大炎上したトラブルを収めることは容易ではありません。自分は表立って前に出なくても、トラブルを大きくしないための的確な初期対応を教師と共に考えたり指示したりすることが重要です。トラブルは初期段階から関わるよう心がけましょう。

▼信頼と安心を与える

トラブルの対応で、教師が電話対応や家庭訪問、学校で保護者対応などをしているときは、よほどの要件がない限りは、**教師の対応が一段落するのを待ち、決して学校を離れることのないように**します。

校長が待機しているからといって、特段なんの役に立つこともないように思われますが、実はそうではありません。校長が待機していることによって、対応に迷ったときは相談することができます。また、いざとなったら校長が対応してくれると、教師に安心感を持ってもらうことになります。何よりも、学校の責任者として、トラブルを自分事と捉えているなら、対応を教師任せにして学校を離れることなどできないはずです。教師は、学校責任者としての校長の姿勢を見ています。

RULE 38

「最後の砦」意識を持て

学校で起こる様々なトラブルの責任は、最終的に校長が負う。学校において校長は「最後の砦」である。自分が失敗すれば後はないという意識でトラブルの予防に努め、生じたトラブルに対して、対応のための指揮を執ることが重要である。

▼危機管理のアンテナを高くする

「最後の砦」意識を持つことで、校長である自分が直接トラブル対応をするのを防ぐ意識が高まります。学校では、毎日のように様々な「トラブルの芽」が生じています。「トラブルの芽」が実際のトラブルにならないようにすることが最も重要なことです。そのために、学校で生じる様々な「トラブルの芽」についての情報を把握し、校長をはじめ職員が共有するための仕組みづくりが、トラブルを防止する有効な手段です。たとえば、子どものケガの情報を把握して、対応方法について関係職員と情報共有しておくことで、トラブルを防ぐ手立てを講じることが可能になります。クラスで起きた子どもの些細ないさかいと教師の指導を把握することで、トラブルを予防するための助言や指示を行うことができます。トラブルを防止するために、些細な「トラブルの芽」に対するアンテナ、つまり危機管理に対するアンテナを高くすることが重要です。

▼初期対応に全力を傾ける

生じてしまったトラブルに対して、担当の職員を批判したり責めたりしてはいけません。

どうすればトラブルを最小限で食い止めることができるか、そこに全力を尽くすことが最優先です。トラブルが生じてすぐに、でき得る限りの対応をとることが、子どもを守ることになり学校を守ることになります。初期対応次第で、少ない労力でトラブルを収められることもあれば、反対に学校だけでは解決が困難になってしまうほど重篤なトラブルに発展することもあります。適切な初期対応を行うためには、トラブル情報を迅速に把握し、職員で知恵を出し合う必要があります。日頃から些細なトラブルを共有できる体制づくりや、校長をはじめ他の職員に相談することができる職場づくりに努めましょう。

▼誠実に堂々と

職員自身でトラブルの解決に至らず校長対応になった場合、事態が相当複雑になっていると考えなくてはなりません。これまでの経緯をしっかり把握したうえで対応に臨まなければなりません。事案によって対応は様々ですが、**教育委員会と密に連携し、事実をしっかり受け止めながら、誠実に対応する決意**が必要です。責任逃れの言い訳や、その場を収めるためのごまかしやできない約束は、さらに大きなトラブルを生むことになります。「最後の砦」として、誰が見ても恥ずかしくない対応に努めましょう。

RULE 39

危機管理意識を保ち続けよ

活動的な子どもが集まる学校という場所は、いつ何時トラブルが起きるか分からない。たとえ低い確率でも、万が一に備えて対応を考えておくことが重要である。危機管理意識を常に持って仕事に臨まなければならない。

▼「IF」意識を持って見回る

校内巡回では、施設や設備にも意識を留めながら、危機管理の視点も持って敷地内を歩くように心がけましょう。すると、学校に潜む様々な危険が見えてきます。何も考えずに全速力で廊下を走っている子。無造作に廊下に置かれている机やイス。教室の窓際に置かれている書棚。窓から身体を乗り出して遊んでいる子。暑い中帽子もかぶらないで走り回っている子。数えあげればきりがないほど、学校には大きな事故につながる要素が存在しています。もちろん、大きな事故が起きることがあってはなりませんし、実際にはめったに起きることもありません。しかし、「もし万が一」を想定して学校を見回ることで、危機管理意識が高まり、事故やトラブルの予防につながります。

▼改善の努力を惜しまない

施設や設備の中に、事故につながる可能性があるものを発見したら、すぐに改善する必要があります。事故が起きる可能性を知っているにもかかわらず、なんの手も打たずに放置しておいて、もし本当に事故が起きてしまったら取り返しがつきません。全国には、築年数が相当経過している学校が少なくありません。現在の基準に照らして安全面に問題のある箇所や、経年劣化による破損で危険な箇所もたくさんあると考えられます。予算の都合や手続上の理由などで、改善のために労力を費やさなければならない場合もあるかもしれません。しかし、子どもの命と安全を守るためであれば、何度でも教育委員会に協力を求め、労力を惜しまず改善に努めましょう。

▼職員の危機管理意識を高める

それまで経験がない不都合なことは、自分には起こらないだろうという「正常性バイアス」が働く恐れがあると認識しておきましょう。たとえ無駄に終わったとしても、大げさと思われるほど盤石の危機管理体制をとっておくことが、わずかな確率の大きな事故を防ぎ、的確な対応を可能にします。たとえば、地震国である日本には頻繁に小さな地震が起こります。そのとき、あなたの学校はどのような体制をとっているでしょうか。微弱な地震で終わることがほとんどですが、わずかな確率で、大きな被害をもたらす地震が起こります。その万が一に備えての行動や指導ができているかどうか、危機管理に対する心構えが重要です。

RULE 40

余裕を持って物事を俯瞰せよ

最終責任者としての判断や決定は、様々な立場から物事を捉え全体像を把握して行われなくてはならない。そのためには、心に余裕を持って俯瞰することが重要である。全体像を見ることで最適な解決方法が見つかり、より的確な判断や決定が可能になる。

▼なぜ余裕が必要か

校長職は事務仕事が少なく庶務仕事をやる必要もほとんどなく、教頭職に比べて圧倒的に余裕があるというイメージが一般的です。確かに、毎日のように学校を走り回っている校長は、ほとんどいないと思います。しかし、決して楽をするために余裕を与えられているわけではありません。校長には最終責任者として、学校経営に必要な判断や決定、職員に対する助言や指導を行う役割があります。校長の役割であるこれらの仕事は、学校全体の方針や職員の生活にかかわる重要なものです。適当に手を抜いて行ったり感情に任せて進めたりすることは許されません。常に冷静さを保ち慎重に熟考する必要があります。そのためにはある程度の余裕が必要不可欠です。

▼思考時間を確保する

もし、校長が細々とした庶務仕事や膨大な事務仕事に忙殺されたとしたらどうでしょう。一見「働き者の校長」と思われるでしょうが、**日々事務・庶務仕事に忙殺されていては、いざというときに必要な、学校にとって重要な判断に狂いが生じる**恐れがあります。校長の仕事は、常に学校にとって何が必要か、子どものためになるものは何かということを考えることです。その「考える時間＝余裕」を確保することが必要です。たとえば、校内巡回をしているときも思考時間を確保することが可能です。職員や子どものことを考えながら教室を見て回る時間に、多忙感を感じる人はいないと思います。余裕を持って子どもや職員、学校全体のことを考える時間になるはずです。校長室で体を休めるわずかな時間も、貴重な思考タイムです。思考する時間は、様々な場面で確保することが可能です。

▼問題の核心を発見するために

たとえば、保護者から指導方法やトラブルなどで批判や苦情がある場合、詳しい状況を職員から聞き取ってみると、その職員の指導方法やトラブル自体が問題なのではなく、子どもに対する職員の思い入れの弱さや、保護者との意思疎通の不足が問題の核心である場合が多々あります。起きているトラブルそのものを解決することに力を注ぐことに加え、職員と子ども、保護者との関係性を俯瞰して考えることで、問題が起こる真の理由が見えてきます。職員が抱えている問題や起きている事案から一歩引いて考えることによって、問題の核心が見えてくることがあります。

RULE 41

場当たり的な決断はするな

校長の決断は、学校の最終決定となる重いものである。そのため、特別な事情がない限り、一度下した決断を翻すことがあってはならない。場当たり的に決断して職場を混乱させ、子どもや保護者、職員を困らせないように、決断は冷静かつ慎重に行うことが重要である。

▼「楽観バイアス」に注意する

人は、物事を自分に都合よく解釈してしまうことがあります。危険を目にしても自身には危険はないと考えてしまう「楽観バイアス」（正常性バイアス）は、学校の決定権を持つ校長にとって、気を付けなければならない思考です。子どものトラブルや保護者対応、危機管理上必要な対応について判断が求められるとき、「たぶん大丈夫だろう」という楽観的な考え方をもとにして決断を下そうとするのは、「楽観バイアス」が働いている可能性があります。その判断は、様々な状況を予想したうえで最適な方法を選択するものではなく、おそらくややこしい状態には発展してほしくないという希望的な結果を願う気持ちだけを根拠にして行われるものであり、場当たり的な判断ということができます。**楽観的な考え方に基づいた場当たり的な判断をすると、予想が外れたときの修正が難しく、何倍もの精神的苦痛と労力を消費する**ことになります。

▼片意地を張らない

リーダーは、様々な意見が出されたり自分とは異なる意見が大きくなったりしたときの判断を、客観的で冷静に下すことができなくてはなりません。強引に自分の考えを押し通すことは、適正な方向性や方法を決めるのが目的ではなく、「校長である私の考え方に理解を示さないのは許さない」と片意地を張り、自分の考えを押し付けて満足感を得ることを目的にしてしまっている可能性があります。このようなやり方で判断を下すと、失敗したときに何の言い訳もできない状態になってしまい、職員の信頼と協力を失う最悪の事態を引き起こします。

▼その場逃れや虚勢は厳禁

その内容が重要であればあるほど、必ず実現の可能性があるか否かを慎重に検討する必要があります。実現に向けて動くことができる体制づくりが可能であるか否かを探りながら、冷静沈着に判断を下さなければなりません。ところが、トラブル処理や保護者対応で、厳しい状況に置かれると、その場の苦しさからなんとか逃れたいという気持ちに支配されそうになります。職員の手前、自分を大きく見せようと虚勢を張りたくなることもあるでしょう。しかし、その場の苦しさから逃れるため、自分の力を誇示するために、場当たり的に、できもしない決定を下すことは間違っています。

RULE 42

決断は「本質」を見極めよ

校長は、学校の様々な課題を解決に導くために、最終決断を下さなければならない。判断の材料とすべき職員の意見が分かれ、校長である自分自身も判断に迷うときは、「真に大切なことは何か」と教育的意義の本質を見極めることで、決断の根拠が明快になる。

▼多様な意見の出し合いを喜ぶ

職員から出される意見の中には、真逆に対立するものや、「もし〜の場合は？」などの答えが無限に考えられるものもあり、判断に迷うことが少なくありません。しかし、職員から様々な意見が出される案件こそ、そのときの学校にとって差し迫り解決しなければならない重要案件です。様々な意見を出し合うことによって、職員全員が真剣になって解決しようとする一体感が生まれます。様々な意見を出し合うからこそ、校長に決断を任せなくてはならない意識が強くなり、たとえ自分の意見と異なったとしても校長の下した決定に納得することができます。多様な意見が出ることを「煩わしい」と思わず、「よりベターで職員が納得する決定ができる」と考え、多様な意見の交流を喜びましょう。

▼教育的意義に立ち返る

様々な意見が職員から出されると、校長には、誰もが納得することのできる決断を下さなければならないという重圧が襲ってきます。全国の学校で、喧々諤々と議論が交わされたはずの、先の「新型コロナ」対応を例にとってみます。たとえば、「熱中症予防とマスクの着脱」のように様々な意見が飛び交い、「もし、こうなった場合は？」「では、そうなったら？」と、基本路線を決めるはずが、話し合いが迷宮に入ってしまったとします。この事例の場合「自分の命を守るための判断力を育てる」ことを職員で共有することで、様々な「もし」に対応することが可能になります。このように、複雑な案件にこそ校長の判断が求められます。すべての疑問に対応することのできる判断を行うためには「本質」を見極めることが重要です。

▼「教育観」に基づいた学校経営を心がける

学校運営に関する校長の決断は、子どもの安全や学力に影響を与える重大な決断です。判断に迷ったとき、どのような判断を下すのがベターなのか決定するための「本質」の見極めは、あなたの**教育観が元になります**。学校教育で、どのような子どもに育てたいか、子どもにどのような力を身に付けさせることを重視しているか……。あなたの教育観は、学校経営の基盤になるものです。自身の教育観に従って子どもの様子や職員の指導を観察しながら、学校経営を行っているという意識を日頃から確認しておきましょう。それが、いざというときの判断を下す指針になるはずです。

RULE 43

職員に「教育」を語れ

職員が、教師として自信と誇りを持って、日々の仕事に取り組むことができるように導くのが校長の役割である。そのためには、職務を遂行するための指示や命令ばかりではなく、教育の尊さや教師のやりがいなどを職員に語る必要がある。

▼教師のやりがいを伝える

巷で「学校はブラック企業」「教職はブラック」などと揶揄されることもあり、現在、教師になりたいと希望する若者は多くはありません。教師の忙しい一日を紹介して、教職の多忙さをアピールするようなニュースも流されています。確かに現在の学校現場は、一昔前に比べると多忙で、子どもや保護者の対応にも神経を使います。しかし、それらの苦労を凌駕するだけの喜びや充実感を味わうことができるのが教師という職業です。苦労した分だけ、子どものほんのわずかな成長が、何物にも代えがたい自分自身の喜びとなって返ってきます。子どもを教え育てる尊い仕事に関わることのできる誇りと責任を職員に伝え、教師として子どもの前に立つ喜びとやりがいを共に分かち合いましょう。

▼様々な機会を利用して語る

職員朝礼や終礼、研修や会議などの場では、校長が語る時間が設定されています。**すべての職員に自分の願いや思いを伝えることができるのは校長の特権**です。毎回とは言いませんが、せめて一週間に一度は、自身の教育観を垣間見せるような語りを職員に対して行いたいものです。校内巡回で見かけた子どもの様子から思うことや、ネットニュースや新聞記事やテレビ番組から考えさせられたことなどをもとにして、教育的な視点での自分の思いや考えを職員に語るのです。話すことが苦手な人は、原稿を準備するのもいいでしょう。かつて子どもに語ったように、職員に自分の考えを、熱を持って語るようにしましょう。職員の中には、しっかり聞いてくれる人が必ずいます。

▼先人に学ぼう

近代教育の父といわれたペスタロッチ。一斉授業の様式の普及と制度化の基礎をつくったヘルバルト。子どもの興味や関心を学校教育の中心に移すことを提唱したデューイ。日本では森信三や東井義雄など、著名な教育者が洋の東西を問わず、教育について様々な提唱をしてきました。豊かな人間性や正義感、協調性や思いやりの心など、社会が移り変わっても、時代を超えて変わらない教育的な価値があります。それら不易の教育的価値は、いつの時代もどんな場所でも次の世代に受け継いでいかなければなりません。後に続く教師のためにも、偉大な先人たちから学び、自分の教育観や教師観を追究し続ける姿勢が、校長には求められます。

学び続けることの大切さ

校長になって二年目の五十四歳になる年に、私は大学院で学ぶことを決意しました。知り合いから、校務を続けながら学ぶことのできる大学を紹介してもらい、約四十年ぶりに入学試験にチャレンジしました。願書を取り寄せるところから始まって、成績証明書や履歴書の作成等々、受験するために必要な様々な手続きを経験することができました。その経験は、私にとって大切な学びになりました。運よく試験に合格して、二年間の大学生活がスタートしました。新型コロナが流行していた時期だったため、ほとんどすべての講義がオンラインで行われました。お陰で、オンラインでの学習方式を経験し、早くオンラインに慣れることができ、大きな学びとなりました。そして、何よりも大きな学びとなったのは、大学院の講義の中身です。大学院の先生方の講義を受ける度に、三十年以上、学校教育に関わってきた身であるにもかかわらず、教育についての専門的な知識をほとんど持ち合わせていないことにショックを受け、同時に学びの楽しさを味わうことができました。論文執筆のために費やした時間は、私にとって濃厚な学びの時間になりました。大学院在籍中に出会った大学の先生方や受講生の仲間たちとは、今でも教育について共に語り合える大切な学びの仲間になっています。

特に、教育改革が本格的に進められている現在の学校現場においては、次から次に湧き出てくる様々な課題に対応するために、昔の教師以上に現在の若い先生方は貪欲に学んでいます。教師としての力量向上のために、本を読んだり研究会に参加したりして学び続けていますしかし、学ばなければならないのは、若い教師だけではありません。経験豊かなベテラン教師も私たち管理職も、学校教育に関わるすべての人が、学び続ける必要があります。特に、変革時代の真っ只中にある現在は、校長になったからといって、学びを止めるわけにはいかないのです。校長だからこそ学ばなくてはならない時代です。

学びの必要性は、変革の時代に必要な知識や技能を得るためだけではありません。私たちは、子どもを教える仕事に携わっています。子どもを教える教師は、学ぶ姿勢を自ら示さなければなりません。その教師を監督する校長もまた、自ら範を示して学び続けることが、教育者として誠実な姿勢ではないでしょうか。

RULE 44

校長を演じ切れ

職員は、それぞれが理想の校長像を基準にして、目の前の校長であるあなたを見ている。職員にとっての理想の校長になることはできなくても、教育に熱を持ち、いざというときに頼りになるリーダーを演じ切ることが必要である。

▼職員を安心させるために

昔、若い先生方の前で講演をすることが決まった私に、尊敬する大先生が「みんな、あなたをすごい人だと期待している。講師らしく自信あふれる堂々とした姿を見せてあげることが大切だ」と教えてくださいました。確かに、自信のない姿を見せることは、自分の話を聞くために集まった人を失望させることになると、納得した覚えがあります。校長は、学校を牽引するリーダーとして職員の前に立たなければなりません。集団の質はリーダーで決まるとさえいわれます。楽しい学校づくりを目指すのであれば校長が明るく職員を牽引し、学び合う学校づくりのために校長が率先して学ぶ姿を見せる……。「この校長についていけば大きく外れることはない」と思わせる姿勢を職員に見せることが大切です。

▼周囲の期待に応えるために

地域や教育委員会、ゲストティーチャーなど外部の人を招いて行う行事のあいさつや、外部の人とのやりとりなどは、校長の大切な役割です。**大勢の人の前では、堂々と自信にあふれる姿を見せなければなりません。**校長とは、地域の人からすれば「おらが学校」を代表する人であり、子どもからすれば「私の学校」を代表する人です。地域の住人や保護者、子どもや職員にとって、いつも溌剌とした姿で人の前に立ち、子どもたちを引き付ける話をする人が、自分たちが愛する学校の校長であることを望んでいないはずはありません。学校を代表する者の務めとして、どのような姿で人の前に立つことが必要なのか、どのように自分を見せることが期待に応えることになるのか、常に考えて、校長職を演じる必要があるのではないでしょうか。

▼校長職を楽しむ

校長を演じる必要があるとはいえ、あまりに素の自分とかけ離れた校長像を目標にして演じることは不可能です。校長を演じるためには、校長職を楽しむことしか解決方法はありません。楽しいと思えば、無理をしなくても職員の前で楽しんで学校経営をする姿を見せることができます。楽しいと思えば、大勢の人の前で溌剌とした姿を見せることも可能になります。まずは校長という役割を好きになり、溌剌と仕事をすることに努め、職員や子どもの前で、楽しんで学校生活を過ごす姿を見せることが、校長を演じ切ることになるはずです。

RULE 45

孤独に慣れよ

校長は、仕事においてはもちろん、プライベートにおいても他の職員から一線を引かれる存在である。リーダーとして、時には職員の意に反する決断をしなければならないこともある。トップリーダーとは孤独な存在であると観念し、孤独に慣れる覚悟が、校長には必要である。

▼同僚になれない関係

同じ職場の仲間として他の職員と親しく付き合いたいとあなたが望んでいても、相手は、一般の職員の自分が校長であるあなたと対等に会話することなどできるはずがないと考えているでしょう。年齢的に離れていることもあるでしょう。また何よりも校長職という肩書によって、周囲の職員の接し方は、あなたに対して一線を引いたものにならざるを得ません。職責上、周囲の職員は校長であるあなたの部下であり、あなたの指示や命令に従わなくてはならない立場です。特に、教員の人事評価が当たり前になった現在、評価者である校長のあなたに対して職員が一線を引いて付き合わなくてはならないことは当然です。職員からすれば、教頭以上に「遠い存在」であり、職員を評価する立場にある校長は、強く望んでも、一般の職員と同じような接し方はできないとあきらめなければなりません。

▼総合的に判断する役割

校長は、自分の思いだけを拠り所にするのではなく、周囲の状況や客観的な事実などを総合的に考えて冷静に判断を下さなければなりません。子どもにとって有益だと分かっていても、保護者をはじめ周囲の状況が許さなければ、中止せざるを得ないこともあります。教師の意欲を応援したくても、危機管理上、禁止すべきこともあるでしょう。学校や子どもを守るためであれば、**たとえ嫌われ者の役を引き受けてでも**、反対する者を説き伏せなくてはなりません。それが校長という孤独な役職であると心得ましょう。

▼リーダーの役割を理解する

職場で校長という役割を与えられている以上、若い教師を成長させ、皆の力を生かして、教育効果を上げる使命があります。そのために、校長というリーダー役を演じ切る必要があります。人から嫌われたくない、人間関係を良好に保ちたいと考えない人はいません。個人的な知り合いに対してそう思うことは当然で、仕事に関係のない人間関係の中では、あえて嫌われ者になる必要も、人間関係を壊す必要もありません。しかし、学校という職場は、仲良しの友達関係を大切にする場ではありません。前述の通り、**そもそも校長は、他の職員から同僚性を求められてはいません。**働きがいのある学校づくりを牽引し、いざというときに頼りになるリーダーとしての校長が求められているはずです。

RULE 46

人に求めることを率先して行え

すべての職員が、校長の指示や命令を心から納得して受け入れているわけではない。自分の言葉を相手の心に届けるためには、自分が言葉にすることや相手に対して求めることを、自らが率先して実行する姿を見せることである。

▼言葉と行動の一致を心がける

信頼される人の条件として、口にしていることと実際の行動が一致していることが挙げられます。反対に、日頃から言葉では理想的なことを言っていても、実際の行動が伴っていない人ほど信用できない人はいません。学校のトップリーダーとして、校長には仕事の能力だけでなく優れた人間性が求められます。その人柄によって校長の指示や命令を素直に受け入れることができるという職員は少なくありません。言行一致は、優れたリーダーとして部下に受け入れられるために必要な資質の一つです。校長自らが学びの姿勢を見せなくて職員に「学びなさい」と言ったところで、説得力は皆無でしょう。口にすることを自ら実行するように心がけ、「校長の言うことだから」と思われるリーダーを目指したいものです。

▼相手に求めることは、自分にこそ求める

ともすれば、人は自分以外の人に対して、自分以上に理想的な姿を求めてしまいます。その理想像は自分の価値観により生み出されるものでしかありません。学校の職員に「こ

んな教師になってほしい」「こんな指導をしてほしい」と求めることは、実は自分がそのような姿になりたいと、自分が自分に対して求める姿です。そう考えれば、自分自身が何を理想としているか、理想の姿に近づくために何をしなければならないのかが分かってきます。**職員に多くを求めるのではなく、職員に求めることをやろうと心がける自分にしていく**という考え方に意識を切り替えましょう。そうすることで、常々言葉で伝えていることを校長自身が気を付けて行動していると、職員に伝わるようになります。

▼共に努力する姿勢で

校長にそのつもりがなくても、職員からすれば校長の言葉が押しつけのように感じられることもあるでしょう。「やってください」「できていません」といった言葉によって、職員は、命令されたと感じると多少の反発を抱くものです。それで「あなたはどうなの？」「自分がやってみなさいよ」となるわけです。校長と職員の関係の中で、相手に自分の思いを伝えるためには、自分も相手と同じ発展途上の人間であり、共に努力し成長する必要があることを根底に置いて伝えることが大切です。すると自然に、「協力して進みましょう」「一緒に頑張りましょう」などのひと言が出てくるはずです。

RULE 47

職員と関わる機会を積極的につくれ

校内巡回で教室を覗き、子どもの様子や職員の指導で気がついたことがあれば、それを必ず職員に伝えるべきである。実は、職員は校長の言葉を待っている。「気にかけてもらえる存在」という安心感と自信を、すべての職員に与えることが重要である。

▼職員の安心と自信のために

校内巡回などで校長に自分の姿を見られることを、全く意識しない職員はいません。子どもに対する指導や自分の働き方を校長がどのように感じているか、どう評価しているのか、頭をよぎっているはずです。そのような職員の不安を取り除くために、ひと言だけでもその場で感想を伝えたり、毎回というわけにはいきませんが、職員室でわずかな時間だけでも話す機会をつくったりしましょう。時折助言をしたり必要に応じて指導を交えたりして、仕事に対する姿勢や、子どもに対する言葉がけや授業の進め方などについての感想を伝えることが、職員に**「気にかけてもらえている」という自信を持ってもらうことにつながります。**

▼もっと学校を知るために

子どもの様子や働き方について会話をすることによって、新しい情報を得ることができ、それまで気づかなかったことに気づくことができます。それらの会話は、より具体的なものになるはずですから、子どもの抱えている背景が分かってきたり、職員の労働観や教育観の理解につながったりもします。比較的短期間で異動する校長に比べ、多くの職員は長年その学校で勤務し、地域や保護者、子どもの実情に通じているはずです。校内巡回をもとに始まった会話から、思ってもいなかったような家庭の実態や地域の実情を知るきっかけになることもよくあります。指導や子どもの様子についての気づきを職員に伝えることは、学校や子ども、地域をより深く知ることになると考えましょう。

▼あらゆる場を利用する

職員と関わる機会は、自分から見つけようと思えば、一日のうちにいくらでも見つけられるはずです。朝、職場に着いて職員と顔を合わせたら、あいさつにプラスして授業や子どもについて話題を投げかけることもできます。職員室を一回りし、職員に声をかけながらあいさつをして退勤することも考えられるでしょう。わざわざ会話をする場を設定しなくても、職員室にいる職員の仕事が落ち着いたときを見計らって、最近のクラスや子どもの様子を尋ねることもできます。廊下ですれ違う職員が疲れているようなら、体調を尋ね、労りの言葉をかけることも大切でしょう。校長のあなたから、職員すべてと関わるように心がけて一日を過ごすことでしか、職員との関わりを生むことはできないのです。

RULE 48

根回しを怠るな

円滑な学校経営を進めるために、職員との意思疎通と合意形成は必要不可欠である。会議で重要な案件について発案する場合は、あらかじめ関係職員と話し合い、あらかたの合意形成を行っておくことが重要である。

▼根回しが必要な場面とは

根回しと聞くと、あまりよいイメージを持たない人もいるかもしれません。しかし、学校経営を進めるうえで、校長からの発案が重要であればあるほど、職員の理解と協力が必要になります。スムーズな話し合いのためには、自分の意見を理解し賛同してくれる職員をつくっておくことが重要です。たとえば、教育課程や行事の変更、校務分掌の改変など、大きな変化が伴う案件や、賛否が分かれる可能性が高い案件、様々な職員の利害が絡む案件などは、根回しが重要になってくると考えられます。校長は「校務をつかさどる」大きな権限を有していますが、職員の理解と協力なくして校務を進めることはできません。職員との合意形成を円滑に行うために、下準備を丁寧に行って会議に臨むことが重要です。

▼キーパーソンの選定

会議での円滑な合意形成のためには、根回しをしておく相手を誰にするのかが重要なポイントです。日頃から職員を観察すると、多くの職員から信頼を得ている人や、発言力のある人、実務力に長けている人などが分かってきます。経験年数が豊かで多くの職員に影響力を持っている人は、子どもへの指導力が確かで事務処理能力も高い人だと考えられます。そのような人は教務主任や研究主任といった学校運営の要の役割を担っている場合が少なくありません。上手に根回しをするためのキーパーソンとして、校務分掌上の担当職員に加えて、多くの職員からの信頼が厚く発言力を有している、たとえば教務主任や研究主任などに、校長の考えや構想を理解してもらいましょう。キーパーソンを巻き込むことで、情報の好意的な拡散が期待できます。

▼教頭との固い意思統一を

根回しをさらに効果的に進めるために、教頭との意思統一は必要不可欠です。特に職員からの反発が予想される案件では、教頭と校長が一致した考え方を堅持しておかなければなりません。キーパーソンに対する根回しも、校長だけではなく教頭の力を借りることで効果を発揮します。校長の考えに不満や反発を持つ職員に、教頭が理解を示すようなことは、絶対にあってはなりません。学校経営を行ううえで、校長が最も根回しをしておかなくてはならないのは、実は教頭なのかもしれません。同じ管理職として、教頭に校長の理解者になってもらうためにも、日頃から教頭との意思疎通を大切にしましょう。

RULE 49

行事にはこまめに顔を出せ

学校では、運動会や音楽会などの学校全体で取り組む行事だけでなく、学年や学級単位で取り組む行事が多く実施されている。普段の授業とは異なる取り組みがあれば、規模の大小にかかわらず可能な限り顔を出すことで、職員の取り組みと子どもの様子を知ることができる。

▼学校の取り組みを知る

学校全体で取り組む行事に加えて、学年単位で取り組む行事は、学校によって様々です。各学校の特色は、大きな行事ではなく、学年単位での取り組みに強く表れます。たとえば、地域の一員として地域の方と交流する機会を設け、地域や地域にある施設を知るために、それぞれの学年が子どもの実態に応じた学習を行っている学校もあるでしょう。それぞれの学年がグローバルな視野を広げるための学習に取り組んでいる学校もあります。一年間のうちに、通常の授業とは異なる特別な授業が、それぞれの学年やクラスで行われますが、それらの取り組みを知ることは、その学校を知るためにとても役立ちます。何かと多忙で、学級や学年単位の行事にまで参観することを煩雑に感じることもあると思いますが、学校の取り組みの詳細を校長として把握しておくことは必要かつ重要なことです。

▼職員や子どもと近くなる

外部の講師を招いての出前授業や学級イベントなどを観察すると、通常の授業では見られない子どもの様子を見ることができます。このような行事に頻繁に顔を出していると、担当職員や子どもから、あいさつを頼まれたり一緒に学習に参加するように促されたりするようになります。子どもたちと一緒に学習に参加することで、それまで知らなかったことを知ることができ、同じ体験をすることで子どもと喜びや感動を共有することができます。子どもや教師との会話も自然に生まれ、近しい存在と感じてもらえるようになります。行事にこまめに顔を出すことが、職員や子どもとの関係を深めることになります。

▼外部の関係者とつながる

企業や地域から講師を招いて出前授業を行う場合、学校の代表者として、最低限でも講師にあいさつをしたり会話を交わしたりする必要があるでしょう。しかし、**最大のもてなしは、校長自らも行事に参加すること**です。子どもと一緒に参加して学ぶことで、講師として来校した人は、学校の取り組みの真剣度を感じるはずです。そのことが、講師にとって最も嬉しいことではないでしょうか。来校した人に好印象を持ってもらうことができれば、その人を通じて企業や様々な団体とのつながりをつくることもできます。学校の様々な行事に参加して、より多くの人との関わりを増やし人脈を築くことが、学校経営に生かされるはずです。

RULE 50

来客への礼儀を欠くな

地域の方や学校ボランティア、教育委員会や関係団体の担当者など、学校には数多くの来客がある。訪れる人はすべて、学校運営にとって何らかの関わりがある人たちである。校長は学校の「顔」として、来校者を把握し、相応の対応に心がけるべきである。

▼来校予定者は必ず把握

教育委員会や地域の重鎮など、校長との面会が目的の来校予定者を把握しておくのはもちろんですが、授業のゲストティーチャーや学校ボランティアなど、校長に直接会う必要がない人たちの来校予定も把握しておくべきでしょう。ゲストティーチャーやボランティアと直接関わる学級担任や校務分掌担当教員と、実務を行う教頭だけしか来校者の予定を把握していない場合もあります。しかし、学校の責任者である校長が、子どもの学習に関わる人の来校を把握していないことはあり得ない状況です。来客の目的や日時などの概略を、担当者と教頭から直接報告してもらい、確実に校長まで情報が流れる体制づくりをしておきましょう。

▼相応の対応に心がける

校長との面会が目的で来校した人は当然のこと、子どもの学習のために限られた回数でゲストティーチャーとして来校した人も、校長室にお通しするのが礼儀です。ほんのわずかな時間だけでも、校長室であいさつとお礼をすることで、学校に対して好印象を持ってもらうことになります。中には、すぐに教室などに行って活動を開始したいからと、校長室に入るのを辞退する人もいますが、丁寧な対応に悪い気がする人はいません。校長室に招くことをお勧めします。その他、ボランティアとして頻繁に来校する人に対しても心遣いが必要です。必ずボランティアで活動している教室に出向いて、ひと言あいさつとお礼を伝えるようにします。**学校を代表して、校長があいさつに出向くのとそうでないのとでは、相手の学校に対する印象がまるで異なります。**来校者にとって校長は、自分が思っている以上に、重要な存在であると考えて、来校の目的に応じて相応の形で心遣いをするように心がけましょう。

▼校長は学校の広告塔

校長の対応一つで、学校を評価する人は大勢います。学校の代表者である校長が、いつ誰と出会っても笑顔で声をかけてくれれば、「いい学校だ」と思わない人はいないでしょう。そういう意味でも、校長は学校の広告塔です。教育委員会や地域の重鎮など、自分が重要と思う人にだけいい顔をするのではなく、誰に対しても、等しく声をかけて相手をねぎらう人でありたいものです。

RULE 51

地域と保護者を味方につけよ

学校や子どものために、教育方針や学校経営を理解してもらうことができれば、あらゆる場面で心強い味方として支援と協力を厭わないのが地域と保護者である。校長にとって、地域と保護者は最強のパートナーである。

▼自身を理解してもらう努力を

パートナーシップを築くための基本は、相手に自分自身を理解してもらうことでしょう。校長として、子どもの教育についてどのような考えを持っているのか、どのような学校にしたいと考えているのか、そのために具体的にどのような学校経営を行おうとしているのか。そして、自分がどのような人間であるのか。地域や保護者すべてに伝えることはできないかもしれませんが、伝える努力をしなければ何も始まりません。地域や保護者の代表者と話をする機会は、一年間のうちに少なくはないはずです。会議の前後で積極的に会話を交わし、せめて地域や保護者を代表する人に対して、自分がどのような人間で、どのような教育観を持っているのかを伝える努力を怠らないように努めたいものです。それに加えて、学校だよりや行事のあいさつの場を利用して、一人でも多くの人に自分の人間性を伝えて、理解してもらうようにしましょう。

▼相手第一主義を貫く

働き方改革によって、学校職員の地域関係行事への参加を控える傾向が強くなっています。確かに、日頃忙しい職員にとって、地域行事への参加協力には負担を感じることも少なくありません。しかし、一律に参加拒否のような対応をするのは考えものではないでしょうか。地域の行事は、子どもや学校のために行われていると考えることもできます。子育てなどの家庭の事情で参加できない職員への配慮は最大限に行い、地域に対する協力を率先して行うのが校長の重要な役割だと私は考えています。相手第一主義に立って協力を惜しまない姿勢を見せることで、地域の方々も学校や校長の立場を理解してくださり、気持ちよく、無理のない落としどころを探ってくださるはずです。

▼必要以上に恐れない

地域や保護者に対して必要以上に気を遣うことは、かえって相手に対して失礼な態度になります。それは、相手を「敵」と見なす気持ちが根底にあると考えられるためです。**地域や保護者は、学校と子どものために校長と共に進んでくれるパートナー**です。困ったり悩んだりしたときは、地域や保護者に相談すればよいのです。「助けてください」と助けを申し出ればよいのです。そのために、日頃から自分の思いや願いを伝えながら本音で話すことのできる関係を築くように努めることが大切です。

小さな応援から大きな力をいただく

ある日、「学校だよりの件で、校長と話がしたい」と地域の方から電話がありました。何か気に障ることでもあったのかなと、ドキドキして学校だよりを読み返しながら地域の方をお待ちしていました。

「なんとも温かなおたよりで、どうしても校長先生にお伝えしたくて」

――なんと、わざわざ私の学校だよりの感想を伝えに来てくださったのでした。

私の「学校だより」のモットーは、読み手である地域の方々や保護者のみなさんに、校長である私を理解していただくことです。たとえ一人でも、私の学校だよりを読んで、納得してくださったり批判していただいたりすることができればと思いながら文章を綴っています。

私は、若い頃から学級通信を発行してきましたが、保護者から反応があることは稀だったため、反応がなくて当たり前だと考えてきました。しかし、学級懇談会や個人面談などで保護者と直接会話を交わす中で、思ったよりも多くの方が私の学級通信に目を通してくださり、それなりに感想を持ってくださっていることが分かりました。直接私に届かないだけで、学級通信を楽しみに待ってくださる保護者が少なくないことを知り、それを励みにして、学級通信を書き続けていました。校長になって学校だよりを発行するにあたり、学級担任の発行する学級通信以上に学校だよりに対する読み手の直接の反応を期待することはできませんし、反応を期待する気など毛頭ありませんでした。

「校長先生。ママがね……校長先生のおたより、いつも楽しみにしてますって……」

一年生の女の子が、かわいらしい目をくりくりさせながら、私に話しかけてくれました。六年生の男の子が卒業前にくれた手紙には、「お父さんが、校長先生の学校だよりを読んで、『マジ泣けてくる』って感動していました」と綴ってありました。

楽しみにしてくださる方が一人でもいればという気持ちで、私は学校だよりを発行してきました。そして、そのためには、うそ偽りのない自分の本音を伝えることが大切だと思って書いてきました。私の気持ちを理解しようとしてくださる人たちがいる。声が直接届くことは稀だけれど、楽しみに待ってくださる方が確かにいるのだ。そう思うだけで、これからも校長として頑張って仕事をしようと思えます。悩んだり迷ったりしたときも、応援してくださる方が必ずそこにいると思えるだけで、勇気が湧いてきます。

RULE 52

教育委員会とパートナーシップを築け

校長の職務を遂行するうえで、教育委員会との良好な関係は必要不可欠である。校長にとって教育委員会は、媚びへつらう存在でも必要以上に恐れる存在でもない。教育委員会は、学校経営を進めるうえで苦楽を共にするパートナーと考えて付き合うべきである。

▼変革の時代だからこそ

インターネットの急速な普及や、ＩＣＴ教育の促進など、学校現場には大きな変革の時代が到来しています。このような変化の大きい現在、昔以上に教育委員会との連携なくして、学校経営は成り立ちません。変化には痛みが伴います。教育委員会から出される方針や様々な指示に対して、戸惑い反発する教師が必ずいます。しかし、時代の流れに逆らって改革の歩みを止めることは、未来を生きる子どもたちに対する責任を放棄することです。自分の預かる学校の実情を鑑みて、学校現場の混乱を最小限にするためには、教育委員会の知恵と協力が必要不可欠になります。大きな変革の時代だからこそ、教育委員会とのパートナーシップを校長がいかに築いていくかが重要だと思います。

▼教育委員会に寄りかからない

教育委員会から出された方針から逸れていなければ、学校の実情に応じて様々なアイデアを考え実行できるのが校長の職権といえるでしょう。ところが、必要以上に細かなことにまで、教育委員会の指示や許可を求めようとする人がいます。あまりに細々とした許可や指示を要求すると、学校の実情に応じて考えることができる「解釈」の部分を校長自ら潰すことになります。教育委員会も、尋ねられれば白黒はっきりさせなくてはなりません。必要以上に細かなことにまで教育委員会の指示と許可を得るのは、責任逃れと思われても仕方ありません。すべてを教育委員会の責任で行えば楽かもしれませんが、学校の実情に最も通じている者として、責任を持って校長職に取り組みましょう。

▼協力者を増やす

行政職の人もいれば教職の人も、若い人も退職後の再任用の人も、教育委員会には様々な人が働いています。中には昔同じ職場で働いていた教師もいるでしょう。どの担当者と話をするときも、どのようなことがあっても、礼節をわきまえて丁寧な対応に心がけなければなりません。教育委員会だからといって媚びる必要はありませんが、相手の年齢や役職によって横柄な態度をとったり無理な要求をしたりすることのないようにしましょう。同じ仕事人として相手を敬い誠実に接することで信用を得て、**いざというときに力になってくれる人を増やす**ことが、回りまわって校長として学校や子どもを守る力を身に付けることにつながると考えましょう。

RULE 53

校長仲間のつながりを大切にせよ

同じ立場に置かれなければ、その人の気持ちを理解することはできない。校長職のやりがいや苦労を自分事として理解できるのは、同じ校長職を務める者だけである。一人職である校長にとって、他校の校長とつながりを持つことは心強いものである。

▼情報交換と共有を密に

即座に情報が伝わる今の世の中は、私たちが想像する以上に、保護者同士のつながりが強くなっています。自分の学校の取り組みと近隣の学校での取り組みを比較して、苦情や要求をしてくる保護者も少なくありません。地域性や子どもの実態によって学校の取り組みが異なって当然ですが、**他校の取り組みの実態を知っておくことで、自分の学校の取り組みの目的が明確になり**、保護者に適切に伝えることができます。すべてを近隣の学校と揃える必要はありませんが、足並みを揃えて取り組むことで余計なトラブルを回避することができる場合もあるでしょう。近隣の学校との情報交換を密にすることが、自身の学校の取り組みの目的を明確にし、保護者からの不信感を防ぐ手立てになるはずです。他の学校の取り組みや校長の考え方を知る機会にもなり、その意味でも情報交換は重要です。

▼相談できる仲間づくり

学校の職員には決して漏らすことができない情報や仕事の悩みなど、校長職になると自分で胸に収めて処理しなければならない案件を抱えることも少なくありません。毎日の仕事によって抱えてしまうストレスを、そのまま溜め込んでしまうと、精神的に参ってしまいます。そのようなときこそ、校長として同じ悩みや苦労を共有することができる仲間の存在が必要になります。先輩の校長は豊かな経験から的確なアドバイスをしてくれるでしょう。同期の校長とは忌憚なく意見交換ができ、本音で悩みを相談することができるはずです。学校経営を進めていくうえでも、自身のメンタルヘルスマネジメントにおいても、同じ校長として頑張っている人たちと気軽に話すことのできる関係づくりは、とても重要になってきます。

▼他の校長と張り合わない

校長として自分がどれほど素晴らしい学校経営を行い、職員への指導力に長けているか自慢するようなことばかり話す人がいます。どの校長も、それぞれの学校で、置かれた環境の中で精一杯頑張っています。大切なのは、比較することではなく、自分が置かれている状況の中で、どれだけ自分の力を発揮することができているかではないでしょうか。そのために横のつながりを大切にしなければなりません。もし、自慢して優越感を満たしているとすれば、大切な横のつながりを自ら断ち切っていると言わざるを得ないでしょう。

RULE 54

自分の長短所を熟知せよ

尊敬する校長を目標にして、その人のやり方を真似たところで、自分とは全くタイプが異なっていれば、うまくいくはずはない。自分の長所と短所を分析し確認しながら、校長の仕事に取り組むことが大切である。

長短所の確認

自分を知るために、最も簡単で明確な方法が、自分の長所と短所を振り返ることです。これまでのそう短くはない人生経験の中で、自分の長所と短所を大まかに認識しているはずです。人と積極的に関わるのが苦手な人、社交的で人と関わるのが得意な人、物事に慎重に取り組むことができる人、細かいことにこだわらない人……。人はそれぞれ異なる長所と短所を備えています。再度自分の長短所を確認してみましょう。自分の長所を校長職にどのように生かすことができるか、職務を行ううえで悪影響を及ぼす可能性のある短所はないか、自分の特性と仕事とを結び付けて考えることによって、たとえば、短気で感情的になる性格だから、保護者対応は冷静さを失わないように気を付ける必要があるというように、具体的な仕事の場面でのスムーズな対応の仕方や気を付けるべき点をイメージすることができます。

自分を知る意味

もしかすると、あなたが校長として憧れ目標にしたいと思っている人は、あなたとは性格が異なっているかもしれません。振り返って自分なりに分析してみることをお勧めします。校長として目標とする実在の人物がいない場合、なりたい校長像を自分なりに分析してみてください。もしかすると、あなたとは反対の校長像を理想としてはいないでしょうか。人は自分にはないものを持っている人に憧れる傾向があります。だからこそ、今現在の自分に不足している力を知り補おうと努力もするし、目標とする校長を超えるために自分に与えられた長所を知ってさらに伸ばそうと頑張ることもできるのです。自分を知ることの意味が、正にそこにあると思います。

▼「短所」を「長所」と捉える力を

長所と短所は表裏一体です。「軽率な行動をする」という短所は「フットワークが軽い」という長所に、「自分の意見がない」という短所は「協調性がある」という長所になります。日本人、特に教師になるような人は、短所にばかり気がいき、マイナス思考になりがちです。校長になると、夜も眠れないほど悩む日がくるかもしれません。しかし、**苦しいときほど物事を前向きに考える力**が必要です。その力の源は自分に対する自信と信用です。校長はリーダーとして常に前向きに学校を牽引していかなければなりません。

RULE 55

講話の力量を高めよ

全校集会や職員会議などの場で、校長講話を行う機会が必ず訪れる。特に子どもに対して講話をする場合、子どもだけではなく、職員や場合によっては地域の人もあなたの話を聞いている。聞く人の心に届く話ができるように心がけたい。

▼簡潔・明快な話を

相手が誰であっても、分かりやすく聞きやすい話をするように心がけなければなりません。相手が子どもであればなおのことです。授業と同じで、話の「ねらい」が相手に伝わることを第一にする必要があります。そのために、できる限り簡潔で明快な語りになるように考えます。「校長先生は、これが大切だと言っていた」と、低学年の子でも分かるように話すことが大切です。時間を意識することで、簡潔で明快な講話が可能になります。内容にもよりますが、私の経験では五分を過ぎると、子どもの集中力が失われてくるのを肌で感じます。十分間など問題外と考えています。ぜひとも子どもに伝えたいという強い思いから、長い話になってしまうのも分かります。しかし、長時間の話は子どもの集中力と興味を奪い、結果的に大切なことが伝わらない状態になります。話は**簡潔・明快**が基本です。

▼自分の言葉で語る

全校集会や始業式、終業式などの講話に、原稿を作る人もいるでしょう。伝えたいことが確実に伝わるように、話す内容を原稿としてまとめるのはいいことです。しかし、いざ子どもの前に立ったとき、原稿に目を落としたまま書かれている文章を読むのでは、子どもにあなたの気持ちは伝わりません。相手に伝えたい気持ちが強ければ、相手の目を見て、表情や身体表現も駆使するはずです。伝えたいという気持ちが強く表れる言葉になるはずです。原稿を作るのは、伝えたいことを整理するためであって、そのままの文章を音読する必要はありませんし、音読では相手に伝わりません。講話は、相手に伝えたい自分の思いを、自分の言葉で語るよう心がけましょう。

▼評価を生かす

私が勤務してきた学校では、学校評価に「校長先生の話は分かりやすいか」という項目をつくっています。子どもからもらった評価で自身の講話を省みて、より分かりやすく聞きやすい話ができるように考えることができます。ぜひ、ご自身の学校でも取り入れてみてください。また、私は、近くにいる職員の反応を、自分の講話の評価としています。講話に対する感想を伝えてくれる職員の数と感想の内容によって、そのときの講話が成功だったかよくなかったのかの評価としています。貴重な教育の場として時間をもらっている校長の講話です。客観的に評価してもらい講話の力を高めていくことが大切です。

RULE 56

交渉術を身に付けよ

学習指導や生徒指導などで職員と話し合うのも、トラブルに関する保護者との話し合いも、考え方によっては「交渉」ということができる。最終的に自分に有利な条件で話をまとめるための交渉術を身に付けなくてはならない。

▼まず相手を受け入れる

自分と相手の意見が異なっていたり対立していたりする場合や、相手が自分に対して不満を抱いているような場合、何を説明しても自分の考えや思いが相手に伝わることはありません。相手が職員の場合は、あからさまに態度に表さなくても、あなたの考えに耳を傾けることはありません。相手が保護者であれば、相手の感情を刺激して不信感を大きくさせるだけです。まずは相手の話に耳を傾けることが交渉の基本です。こちらにも言い分や伝えたいことは山ほどあるでしょう。たとえ事実とは異なることや、挑発的に受け取れる言葉を投げかけられたとしても、相手が自分の思いを伝えている間は絶対に言葉を返してはいけません。最終的に自分の言い分を理解してもらえればいいのです。校長にふさわしい器量を見せて穏やかに相手を受け入れ、冷静に相手の本心を見極めるようにしましょう。

▼「枝葉」を捨てて「根本」を取る

話し合いの中で出てくる様々な条件の中には、絶対に譲ることのできない重要なものから、相手に譲歩しても差し障りのない軽微なものまで、様々な重要度のものがあります。

交渉で最も大切なことは、**学校のために絶対に譲ることのできない条件を相手に呑ませること**です。そのためには、捨てる条件を準備しておき、それを捨てることで、相手に「校長にこちらの条件を呑ませた」と思わせるように進めます。たとえば新しい行事の発足を提案する際、実施時期や実施内容など考えたうえで提案します。実施時期や実施内容を変更するという条件を相手の思うように譲ることで、行事を実施するという「根本」の部分を獲得するように交渉します。たとえやり方が変わっても、最終的に自分が重要と考えている条件を相手に認めさせることができれば成功です。

▼譲らない強さを持つ

それほど重要ではない条件に固執する必要はありませんが、「これだけは絶対に譲れない」ということについては、頑として押し通す強さを持たなければなりません。相手の考えを否定せよというのではありません。決して頷かない、穏やかな言葉で断るなど、相手の気分を害さないような方法で、自分の考えを譲らないことが重要です。そして、言葉や表情から、相手が何を考えているのかを読み取り、相手にわずかでも受け入れ態勢ができたと感じたら、可能な限り自分に有利な条件を提案していきます。

RULE 57

レジリエンスを高めよ

重要な決定や様々なトラブル対応は、相当な精神的ストレスを伴う。それらすべてを溜め込んでしまうと、正常な学校運営に支障をきたすだけでなく、自身の健康を害する恐れがある。気にしても苦にせず、前向きに立ち直るレジリエンス（しなやかな回復力）を高める必要がある。

▼気持ちの切り替えを素早く

学校のすべての責任を背負う校長という役職は、相当神経を使う仕事です。完璧を目指せば目指すほど些細なことまで気になってしまいます。もちろん、危機管理上どうしても必要なことには細やかに気を遣わなければなりませんが、たとえば職員との人間関係や保護者対応の進捗状況など、自分の努力だけでは解決できないことや、様々な要因で状況が変化することなどは、いつまで悩んでいても仕方ありません。トラブルや苦悩を伴う事案が起きないよう予防することは大切ですが、起こってしまったことは仕方ないと、気持ちを切り替えることが大切です。いつまでも、後悔して悩んだり、どうなることかと気をもんでいても、事態は何も変わりません。終わったことよりも先のことを第一に考えて気持ちを切り替えることで、以後の的確な対応が可能になり、精神的苦痛から逃れることが可能になります。

▼鈍感力を身に付ける

自分の下した判断が、他の職員からどのように評価されているか。日頃から校長としてどのように見られているか。自分の指導に対して職員がどのような感情を持っているか……。自分に対する周囲の評価を気にしない人はいません。校長という職に就くと、より多くの注目を集めますから、教諭時代より周囲の評価を気にするのは当然のことでしょう。しかし、たとえあなたを批判的に見る職員がいたとしても、校長としての自分の考えに従って、誠実に職務を遂行していれば、周囲の評価など気にする必要はないと思います。そこに神経を注ぐよりも他にやるべきことがあるはずです。**周囲からの評価には鈍感になる力**を身に付けましょう。

▼プラス思考を鍛える

特にトラブルなどで精神的に参ってしまいそうなときにこそ、「ピンチはチャンス」と、物事をプラス思考で考えるように心がけましょう。今ある危機は、校長としての経験値を高め学校をよくするためのヒントを与えてくれるはずと考えれば、押し寄せるトラブルにも前向きに対応することができるはずです。トラブルを乗り越える度に、職員の結束力が強まり、どんな困難も力を合わせて支え合う職員団に成長します。落ち込んで逃げ出したくなったときこそ、リーダーのプラス思考が職員と学校に元気と勇気を与えるはずです。

RULE 58

感謝の心で日々を過ごせ

大きな事故やトラブルなく、一日を終えることを当たり前と思ってはいけない。それは、大きな事故やトラブルを未然に防ぎ、重篤にならないように対応してくれている職員の働きの賜物であると感謝の気持ちを忘れないでいたい。

職員に感謝する

学校教育が滞りなく進められる前提には、子どもにとって学校が「安全で安心」な場所でなくてはなりません。学校は子どもの命を預かっているという危機管理意識が、校長になった瞬間から切実に迫ってくることでしょう。大きな事故やトラブルなく一日を終えることは、当たり前ではなく、校長の方針のもと一致団結して子どもの安全を守るために日々取り組んでいる職員の力があってこそだと感謝することが大切だと思います。「ハインリッヒの法則」にあるように、大きな事故やトラブルの背後にある軽微な事故やトラブル、さらにはその背後にある事故寸前の「ヒヤリハット」の段階での適切な対応と情報共有に力を注ぐことが大切です。数多くのヒヤリハット事案への対応と情報共有が、重大な事故を防いでおり、その職員の働きに対して、おのずと感謝の心が湧いてきます。

細やかな配慮が危機管理になる

日々の職員の子どもへの指導が、重大な危機を防ぎ、子どもと学校の安全を守ってくれていることに感謝の気持ちを持つことができれば、それまで見えていなかった職員の働き方や考え方が分かるようになってきます。理解と感謝の気持ちが高まると、職員に対してよりきめ細やかな配慮ができるようになります。たとえば、あの教師は、このような価値観と教育観を持っているから、それに配慮して指導や助言をする必要がある……というように。職員に対する細やかな配慮は、さらにきめ細やかな危機管理対応となり、**「感謝」を核にした好循環**が生まれます。

▼保護者に感謝する

保護者からの問い合わせや相談、そして苦情の中には、学校経営のヒントになるものも少なからずあります。教師では気づかない保護者の立場からの考え方を知ることは、そのまま放置しておくと後に重大なトラブルや事故を引き起こしかねない危機の予防に生かされる場合もあります。「口うるさい保護者」「クレーマー」「モンスターペアレンツ」と非難することは簡単ですが、なぜ保護者が学校に物を申しているのか、冷静に精査しながら対応する必要があります。もちろん、一部の保護者の中には、無理難題で学校を困らせる人もいますが、保護者の意見からは、子どもの指導や危機管理に生かすことができるものも多く、感謝の気持ちで対応することが必要です。

RULE 59

「教師」であることを忘れるな

「教師」としての教育観や指導観が揺らいでは、保護者や職員が納得できる判断を下すことはできない。学校経営を考えるのも、職員をまとめるのも、その基礎には「教師」としての考え方が大きく影響する。校長になっても「教師」であることを忘れてはならない。

▼権威主義は信頼を失う

校長職の権限ばかりを頼りにして学校運営を行うと、職員の反発を招くことになります。最近の職員は、昔に比べれば校長の指示や命令に対してあからさまに反抗的な態度をとることは少なくなりました。しかし、職員を心から納得させることができないまま、職権だけを頼みにして学校運営を進めていくと、職員からの信頼を失い、本当に重要な場面で協力を得ることができなくなってしまいます。職員が一致して子どもの教育に取り組もうという気風も生まれてきません。学校における校長の権限は絶大だからこそ、自分の持つ権限の大きさを意識して職員に接することが重要です。

▼同じ「教師」として語る

多くの職員が、校長の指示や命令を受け入れているのは、校長という役職が持つ権限があるからです。しかし、職員が相手の意見に心から納得するのは、教育的な考え方に得心する場合です。もし校長が、職員にとって「教師」として尊敬できない人物だったとしたら、校長の言葉は、職員に心から納得して受け入れられることはなく、心の中では「どの口が言ってるの？」と陰でばかにされることになるでしょう。反対に、授業や生徒指導の経験が豊かで、教師として確かな力量を備えている校長の言葉には、たとえ意見が異なっていても納得せざるを得ない力を感じるのが学校職員というものです。もちろんすべての校長が、教師としての力量に自信を持っているわけではありません。そのような場合でも、校長としてではなく、まずは教師として一旦は職員の立場に立って物事を考え、一人の教師として職員と気持ちを共有することで、説得力を持たせることが可能です。

▼腹に落として伝える

教育委員会の指示や命令は、「子ども・学校教育のため」という目的が必ずその背景にあります。同じく、校長が出す指示や命令にも教育的意義があるはずです。指示や命令が持つ教育的意義や価値を、**教師として自分なりに解釈して腹に落としたうえで**職員に伝えることが重要です。そうしないと、職員から出される疑問や批判に対応することができず、結果、「教育委員会と校長の命令だから」と職権頼みで職員を抑え込まなければならなくなります。職員に伝える指示や命令が、どのような教育的意義を持っているか、教師としての自分の頭でしっかり考える習慣を身に付けましょう。

RULE 60

校長職の意義を問い直せ

法律上の職務を理解しているつもりでも、校長職を拝命して、何をすればよいのか迷うことも多いだろう。校長としての自分のやりがいは何か、校長として何を成すべきなのか、原点に立ち返り自分なりの答えを見出す必要がある。

校長先生の仕事は？

子どもから、「校長先生ってどんな仕事をしているの？」と尋ねられることがよくあります。子どもの質問に、あなたはなんと答えるでしょうか。「公務をつかさどり所属職員を監督する」と法律では定められていますが、子どもが理解し納得することのできる答えを持っておく必要があります。「校長先生の仕事は？」という子どもの素朴な質問こそ、あなたが校長として何を成すべきなのか本質を突くものでしょう。子どもの質問に、どのように答えるべきなのか、じっくり考えて答えを見つけることが、**あなたが校長として何を大切にして学校経営を行うか、校長として何をやりがいにするのか**を決めることにつながります。校長になったその日から、「校長先生の仕事って？」という子どもの問いに対する答えを探し、校長職にある間、常に自身に問い直してみましょう。

教育観が問われる職

学校の最高責任者として、校長は学校運営に必要な様々な決断を下し、所属職員を指導し監督しなくてはなりません。中には以後の学校運営に影響する大きな決断を迫られることも、職員の人生を左右する場面に関わらなくてはならないこともあるでしょう。学校の行く末や児童生徒の将来のために、どのような選択をするか。職員やその家庭を守るために、どのような助言や指導ができるか。学校と学校に通う子どもたち、職員とその家族の将来に対する責任を負っており、その責任を果たすために決断を下すことに校長職の意義があります。そして、重大な決断を下さなければならないときこそ、自身の教育観……さらに言えば人生観が問われることになるでしょう。

▼学級担任レベルでイメージしてみる

校長になるまでは、教師として学級担任をしてきた人がほとんどだと思います。そこで、学級担任時代をモデルにして校長職をイメージしてみるとよいでしょう。学級担任は、子どもが明るく元気に学校生活を送り、意欲的に学ぶことのできるクラスを目指して学級経営を行っています。同じように考えると、校長も学校で働く職員と、学校で学ぶ子どもたちが、「元気に充実して一日を過ごすことができる学校づくりを目指します。「先生方と子どもが元気で楽しい学校」にするために何が必要なのか、何をしなければならないのかを考え実行することにやりがいを見出すことができるのではないでしょうか。

去り際を考える

一つの学校に校長として勤務できるのは、本当に限られたわずかな期間です。だからこそ、一日一日を大切にして学校経営に全力を傾けたいと思います。任命期間を終えて学校を去るとき、やり切った充実感と、誰にも負けない愛校心を持つことができれば、幸せな校長生活だったと思えるのではないでしょうか。前任校を去る際の私の「学校だより」を紹介させていただきます。御笑覧いただければ幸いです。

＊　＊　＊

机やロッカーの私物が随分片付いてきました。三年間お世話になった校長室からは、今日も元気に勉強する子ども達の楽しそうな声が聞こえています。できることなら、いつまでもこの心地よい優しい空間で子どもたちの成長を見守り続けていきたい……。

「教頭先生、おはよう。」「新しい教頭先生?」「どこから来たの?」「教頭先生……。」

校舎の改築工事で学校が慌ただしく動いていた四年前、不安いっぱいで赴任してきた私に、元気と勇気をくれたのは、子どもたちの屈託のない笑顔でした。奇遇にも校長という立場になって迎えた二年目は、校長という職務の難しさを思い知らされる日々が続きました。しかし、先生方の力強い支えと、地域・保護者の皆さんの温かい応援、何より子どもたちの元気な姿が、私の学校経営の力の源になりました。

私がお願いした通り、先生方は、それぞれの個性を生かし、自由な発想で様々な取り組みをしてくれました。それを可能にしたのは、地域・保護者の皆さんの、学校を「大らか」に見守ってくださる姿勢でした。現在、日本で消えかかっている「大らかさ」が、この小学校には残っています。地域・保護者の皆さんの、学校と教師に対する「大らかさ」が、元気いっぱいで、やんちゃな子どもらしい子どもを育んでいると思います。私自身、子ども達と地域・保護者の皆さん、そして職員の皆さんの「大らかさ」にどれほど救われたか……。ありがとう。別れ難く愛おしく。この小学校が大好きでたまりません、大好きなこの小学校が、これからも大らかな教育で子どもを育てる学校であり続けることを願っています。「失敗しちゃったぁ！」と明るく笑うことのできる学校であり続けてほしいと願います。

私を校長として迎え入れ、育ててくださった地域の皆様、保護者の皆様、そして学校職員の皆さんに感謝を申し上げて、「学校だより」を閉じさせていただきます。四年間という短い時間でしたが、濃密で充実した時間を本当にありがとうございました。皆様のお力をいただいて新天地に向かいます。

おわりに

現在、全国の学校で、一人一台端末を活用した授業が一気に推し進められています。いよいよ大きな変革の波が、学校現場に現実のものとなって押し寄せています。このような変革の時代の真っ只中にあって、校長のリーダーシップはこれまで以上に重要なものになるでしょう。目標とする学校づくりを実現していくためには、学校経営に関わる力量や校長職の実務力を身に付けることはもちろん、個性と知識を豊富に備えた教職員を束ねるための「人間力」が必要になります。

たとえば、徳川家康や坂本龍馬などの歴史に名を残してきた偉人たちは、抜群の知識や発想力、行動力を備えていたことはもちろんですが、多くの人々の尊敬と信頼を集めるに値する、「人間としての魅力」が群を抜いていました。いくら豊富な知識を備えていたとしても、どれほど抜群の行動力があったとしても、周囲の人々を引き付ける「人間力」がなければ、リーダーとして、大きな仕事を成し遂げることはできなかったでしょう。

校長は学校のトップリーダーです。

歴史上の偉人たちとは異なり、私たちは名もない人間に過ぎませんが、学校という一つの集団を任されたリーダーとして、彼らが備えていたような「人としての魅力」を身に付けることが必要だと思います。リーダーと呼ばれるに恥じない行動や考え方を身に付けていくことが、職員を変え、学校を変え、子どもを変えることにつながると信じています。

小著を書き進めるにあたり、「高い志を持って学び続ける姿勢づくり」「誠実さや思いやりの心を基礎にした職員との信頼関係の構築」のために、人間力を高めていくことが、校長職にとって最も大切なことではないかと、再認識するようになりました。おそらく、多くの校長先生方も、私と同じく毎日のように人格を磨く必要性を感じながら仕事に取り組んでおられることと思います。小著を手に取ってくださった校長先生。子ども、職員、学校、そして日本の教育のために、共に真のリーダーを目指して頑張ろうではありませんか。

末筆になりましたが、明治図書編集部の林知里様には、このような機会を与えていただきまして感謝の念に耐えません。この場をお借りして深謝申し上げます。

令和五年一月

中嶋　郁雄

【著者紹介】
中嶋　郁雄（なかしま　いくお）
1965年鳥取県生まれ。1989年奈良教育大学卒業後，小学校の教壇に立つ。「子どもを伸ばすためには，叱りが欠かせない」という主張のもとに「『叱り方』研究会」を立ち上げて活動を始める。教育関係者主催の講演会，そして専門誌での発表が主な活動だったが，噂が噂を呼び，大学や一般向けにも「心に響く叱り方」といったテーマでセミナーを行うようになる。新聞や経済誌などにも「叱り」について意見を求められるようになる。著書に『管理職のための学級崩壊「立て直し」BOOK』『管理職１年目に知っておきたい　できる教頭・副校長が定めている60のルール』『仕事に忙殺されないために超一流の管理職が捨てている60のこと』（いずれも明治図書）など多数。

校長１年目に知っておきたい
できる校長が定めている60のルール

2023年２月初版第１刷刊　©著　者　中　嶋　郁　雄
2023年11月初版第２刷刊　発行者　藤　原　光　政
発行所　明治図書出版株式会社
http://www.meijitosho.co.jp
（企画）林　知里（校正）粟飯原淳美
〒114-0023　東京都北区滝野川7-46-1
振替00160-5-151318　電話03（5907）6703
ご注文窓口　電話03（5907）6668
＊検印省略　組版所　株　式　会　社　カ　シ　ヨ

Printed in Japan　ISBN978-4-18-300523-6

仕事に忙殺されないために

中嶋 郁雄 著

超一流の管理職が捨てている60のこと

できる管理職の仕事術

一長時間労働・残業を断捨離せよ！

教育の現場において、とりわけ管理職には「働き方改革」が求められています。仕事に追われるのではなく、仕事を自らの人生を充実させるためのツールとして活用できるように、大切なことを見極め、無駄を省いて効率的に仕事をする、取捨選択の仕事術を身に付けませんか。

序章 リーダーになるために「捨てる」もの／第１章 気を引き締めて臨もう！リーダーになるための意識革命／第２章 これで慌てない！できるリーダーの時間マネジメント術／第３章 「相手意識」を重視する！リーダーが身に付けるべき仕事術／第４章 学校を効率的な空間に変える！リーダーならではの管理術　ほか

【152 頁Ａ５判 2060 円+税 図書番号 2582 】